BLICATIONS DE L'INSTITUT INTERNATIONAL
DE LA PAIX ✦ ✦ ✦ ✦ ✦ ✦ ✦ ✦ No 15

Jean PÉLISSIER & Maxime Emile ARNAUD

La Morale

Internationale

Ses Origines - Ses Progrès

Mention honorable au Concours de 1911
(Académie des Sciences Morales et Politiques).

Classification décimale : 172.4 (09)

Prix : 2 Francs.

MONACO   PARIS
INSTITUT INTERNATIONAL   SCHLEICHER FRÈRES
DE LA PAIX   61, rue des Saints-Pères

1914

La Morale

Internationale

12191

80*E,

820 (15)

PUBLICATIONS DE L'INSTITUT INTERNATIONAL
DE LA PAIX * * * * * * * * * * * N° 15

Jean PÉLISSIER & Maxime-Emile ARNAUD

La Morale

Internationale

Ses Origines - Ses Progrès

MONACO
INSTITUT INTERNATIONAL DE LA PAIX

—

1912

NOTICE

—

Cet ouvrage a été présenté au concours ouvert par l'Académie des Sciences morales et politiques pour le prix Saintour de 1911. Nous avons obtenu une Mention honorable.

Néanmoins le mémoire proposé n'avait pas tout-à-fait la forme de ce livre ; nous avons changé, pour la partie historique, l'ordre de nos divisions. Dans le mémoire nous avions, à ce point de vue, distingué deux parties : l'une montrant, à travers les âges, les influences des philosophes et des religions, les changements dans les mœurs politiques ; l'autre traçant à grands traits l'évolution des théories juridiques.

Mais les juristes, les philosophes, les prophètes ont une action les uns sur les autres, et une action commune sur les mœurs ; de même que le milieu a sur eux une réelle influence. Nous croyons qu'il vaut mieux laisser à une époque l'ensemble de ces caractères qui la constituent indivisiblement. Et c'est pourquoi, puisqu'il nous faut adopter des divisions, nous préférons aujourd'hui examiner dans tout leur aspect, et une à une, les grandes périodes de l'histoire.

On pourra s'étonner, d'autre part, que, dans cette vue d'ensemble des progrès de la morale internationale, nous ayons cité certains écrivains et passé sous silence certains autres... Nous savons que Dante réclame à grands cris « dalla molt'anni lagrimata pace » ; nous entendons les appels de Pétrarque en faveur d'une justice internationale et d'un amour universel. Mais il est impossible, dans un ouvrage de cette importance, d'analyser l'œuvre de tous les auteurs qui ont écrit sur la guerre et la paix.

Nous en avons choisi quelques-uns, auprès desquels nous nous sommes attardés, parce qu'ils paraissent avoir eu en cette matière une influence prépondérante sur leurs contemporains ou leurs descendants ; parce qu'ils représentent à nos yeux l'état d'esprit, l'attitude d'un moment.

LES AUTEURS.

INTRODUCTION

La Morale Internationale

Si l'on jette un regard superficiel sur l'histoire de l'humanité, elle apparaît aussitôt comme une longue succession de crimes. De toute antiquité, moins sages en cela que les tigres et les loups, les hommes ont passé leur temps à se massacrer. De tout temps le meurtre, le viol, le pillage, ont été très répandus dans l'espèce humaine. Et, chose plus monstrueuse encore, les hommes en sont venus, dans leur aberration à admirer, à glorifier, à diviniser le meurtre. La guerre, plaie de l'humanité, meurtre collectif, trouve encore en plein XXe siècle, parmi les esprits les plus sérieux et les âmes les plus généreuses, de très grands et de très ardents admirateurs. Pour la plupart des diplomates et pour un grand nombre de philosophes, la guerre est encore l'ultime raison des peuples et des rois.

Ils reconnaissent ainsi, implicitement, que la violence et l'injustice sont encore, comme elles l'ont toujours été, la seule règle, règle négative hélas ! des rapports des États entre eux. La force prime le droit, « soyez forts, soyez durs », suivant l'expression de Bismarck. voilà les seules règles que l'on enseigne aux diplomates qui ont entre les mains les intérêts des peuples, voilà les principes de gouvernement que les nationalistes de tous pays s'efforcent d'inculquer à leurs concitoyens.

Sans doute les plus timides et les plus scrupuleux

d'entre eux reconnaissent que les individus, en tant que particuliers, auraient tort d'appliquer cette règle de conduite ; la société s'en trouverait mal, et eux-mêmes par contre coup. Mais, par une inconséquence bizarre, ce qui est mauvais pour les individus devient excellent et salutaire pour les groupes collectifs.

Ceux-là doivent respecter mutuellement leurs biens et leurs personnes ; ceux-ci ont le droit, certains disent même le devoir, de s'entre-détruire, de s'anéantir mutuellement pour permettre, on ne sait par quel miracle, à une civilisation plus forte, plus saine, plus florissante de pousser comme une fleur merveilleuse sur cet amas de ruines. De cette théorie, qui n'est au fond que l'inconsciente exaltation de la brutalité, de la barbarie, de la dissociation, de la mort, on a voulu faire une doctrine de vie. On la résume depuis quelque temps dans le mot d'impérialisme, mais elle est aussi vieille que le monde. De tout temps les hommes ont eu le triste privilège de s'aveugler sur leurs erreurs et de chercher à idéaliser, grâce à un beau nom, les plus mauvais penchants de leur nature.

« La source principale des actions humaines, dit M. Seillère (1), est dans une tendance fondamentale de l'être à l'expansion vers le dehors, que la théologie chrétienne a nommée parfois *l'esprit de principauté*, que Hobbes appelait *le désir du pouvoir*, Nietzsche plus récemment *la volonté de puissance* et que nous avons proposé de désigner sous le substantif unique *d'impérialisme*, dont les évènements du temps présent ont défini suffisamment la portée ».

Esprit de principauté, désir de pouvoir, volonté de puissance, impérialisme, autant d'expressions employées pour ne pas dire : *force brutale*. Autant de

---

(1) La *Philosophie de l'Impérialisme*, préface.

prétextes et de subterfuges pour justifier l'emploi éternel de la violence dans les relations entre les peuples.

Le monde prétendu civilisé apparaît donc à première vue comme un monstrueux pandémonium où les hommes passent leur temps à lutter les uns contre les autres, et répandent la mort pour se consoler sans doute de ne pouvoir créer la vie.

Cependant, en dépit de toutes ces aberrations et de toutes ces erreurs, l'humanité subsiste ; elle vit, et cette vie devient de jour en jour plus intense.

C'est donc que tout n'est pas crime et désordre dans la société. C'est donc que l'humanité, si elle se laisse aller parfois à une triste fureur destructrice, fureur qu'elle cherche même à justifier par des raisons plus ou moins mauvaises, n'en reconnaît pas moins l'existence et la nécessité d'une règle lui permettant de développer toutes les potentialités qui sont en elle.

Cette règle n'est autre que la loi morale, la loi de justice, qui oblige les hommes à se respecter les uns les autres, dans leurs personnes, dans leurs biens et dans leur honneur, la loi de fraternité ou de solidarité qui les pousse à se prêter un mutuel appui.

Sur l'origine et les caractères de la loi morale, les philosophes de toutes les nations n'ont pas cessé de discuter depuis des siècles. Et la morale n'étant pas une science mathématique, il leur a été impossible d'arriver à une entente parfaite.

Pour les rationalistes, les philosophes spiritualistes et les prêtres de toutes les religions, la morale vient de Dieu. C'est lui qui a inscrit dans notre âme ces commandements absolus, immanents, que nous portons en nous dès notre naissance et que nous révèle notre conscience, juge infaillible de toutes nos actions.

Pour les empiristes et pour les positivistes, qui cherchent autant que possible à éliminer la métaphysique de l'explication des phénomènes naturels et même des formes les plus sublimes de la vie, la loi morale est un simple produit de l'expérience. D'après eux tout être évite la douleur, qui est un signe de maladie et une menace de mort, et recherche le plaisir, qui rend la vie intense. Il a donc été amené à s'abstenir des actes qui engendraient la douleur, et ces abstentions, fortifiées par l'habitude, sont devenues les lois morales ; transmises par l'hérédité elles ont formé la conscience humaine. Pour les spiritualistes le bien est absolument désintéressé, pour les empiristes le bien se confond avec l'utile.

« Ces deux tendances, fait remarquer M. Bunge, sont aussi vieilles que la philosophie. En Grèce déjà, Platon penche pour la première, tandis qu'Aristote, les Stoïciens et les Epicuriens, malgré leurs divergences d'opinions, font découler de l'utilité les règles de conduite. Dans les temps modernes la distinction des deux écoles réapparaît : d'un côté Descartes et ses successeurs, Kant et les idéalistes ; de l'autre Hobbes, Bacon, Locke, Helvétius, Bentham, Stuart Mill. Et il faut noter que, malgré l'existence, relativement nombreuse dans l'antiquité, de philosophes qui se soient avisés du caractère flottant et relatif de la vérité morale, la généralité des penseurs lui a toujours attribué une nature substantielle et surhumaine. L'idée opposée ne devient bien nette qu'avec les derniers progrès des sciences physiques et naturelles et les nouvelles conceptions sociologiques du positivisme actuel ». (1)

Il semble donc qu'il y ait antinomie radicale entre la thèse des rationalistes sur l'origine de la morale et celles des empiristes, et que le grand débat qui se poursuit depuis des siècles entre les deux écoles soit bien loin d'être résolu.

_____

(1) *Le Droit c'est la force.*

Mais si nous abandonnons le terrain de la morale théorique pour envisager la morale pratique nous verrons que les éternels adversaires ne sont pas loin de s'entendre.

Les rationalistes considèrent que le bien est essentiellement désintéressé ; ils ne peuvent nier son utilité supérieure, qui est d'assurer la cohésion et le progrès de la vie sociale et, par contre-coup, le bien-être de l'individu qui vit dans cette société. Que la loi morale nous ait été ou non révélée par une divinité et qu'elle ait été inscrite par elle dans notre conscience, à moins d'être le produit d'un caprice despotique — et alors on ne voit pas pourquoi on se soumettrait à elle, — cette loi ne peut être que conforme à la raison universelle qui assure la conservation de la vie.

Agir contre cette raison universelle c'est semer partout l'anarchie, le désordre, l'incohérence, la ruine. C'est travailler à la dissociation de l'univers et au triomphe de la mort. C'est donc se détruire soi-même. Le malheureux qui rencontre un trésor sur sa route et va le restituer accomplit, sans s'en douter peut-être, l'acte le plus conforme à ses intérêts. Car en refusant de s'approprier le bien d'autrui il collabore à l'ordre des choses, il fortifie l'association qui unit tous les hommes, association qui repose sur la justice et dont il profite sous mille formes. Si donc les hommes voyaient leur véritable intérêt ils feraient tous le bien. Selon la pensée des philosophes grecs nous ne faisons le mal que par ignorance ; et c'est ce qui faisait dire à Pascal : « Apprenons donc à bien penser, voilà le principe de la morale ».

D'autre part les empiristes ne se font pas faute de reconnaître que, dans l'état actuel de la civilisation, ce n'est généralement pas le pur égoïsme qui mène les hommes et que beaucoup sont capables d'actes désintéressés, du moins en apparence. Certains philosophes, comme la Rochefoucauld, éprouvent un amer plaisir à démontrer que les sentiments et les actes les plus désintéressés, l'amour de la mère pour son enfant, par exemple, ou le geste de l'homme qui se précipite à la rivière pour sauver un de ses semblables, se ramènent tous à l'égoïsme. Ils ne peuvent cependant s'empêcher de reconnaître que cet égoïsme, qui va pour autrui jusqu'à l'oubli absolu de soi-même, est d'une essence supérieure à l'égoïsme brutal qui rapporte tout à soi-même. Entre l'acte d'un humble cantonnier qui arrête hardiment un cheval emballé pour sauver une existence humaine et celui d'un Néron qui fait incendier Rome pour son plaisir, il y a un abîme. L'individu qui oublie sa personnalité pour ne songer qu'au bien de la collectivité, ou qui mieux encore fait le bien sans raisonner, d'une façon instinctive, a beau faire un acte utile et par suite intéressé, cet élément d'intérêt n'enlève rien à la beauté de son geste. Risquer la mort par égoïsme, n'en déplaise à La Rochefoucauld, n'est pas chose banale : l'homme seul était capable d'arriver à cette sublime abnégation. Il se peut qu'à un point de vue strictement positif la morale se ramène à l'intérêt bien entendu. Mais, comme le fait remarquer M. Novicow, peu à peu le raisonnement qui poussait l'homme à accomplir tel ou tel acte parce qu'il était utile « a fini par devenir si rapide qu'il a cessé d'af-« fecter la conscience..... De même que l'esprit « humain, par une abréviation admirable, a rem-« placé l'image par le mot, il a remplacé le calcul de « l'intérêt par l'amour du bien et la haine du mal. « Il est difficile de dire laquelle des deux abrévia-« tions a le plus contribué au bonheur de l'espèce « humaine » (1).

Cette transformation de l'égoïsme en désintéressement, ou en un sentiment si près du désintéres-

---

(1) Novicow, *La justice et l'expansion de la vie*, p. 58.

sement qu'il se confond avec lui, peut s'expliquer en
partie « par la tendance, commune à tous, mais plus
« accentuée chez les grands hommes que chez le
« vulgaire, d'idéaliser les phénomènes humains,
« d'élever et d'épurer les aspirations humaines » ; et
aussi par l'hérédité psychologique qui « peut faire
« passer des idées de la région subconsciente à la
« région consciente » (1).

Quelque opinion que l'on ait sur les origines de la
morale, il semble donc que son utilité supérieure ne
soit pas contestable, et l'on se trouvera sans doute
d'accord avec tout le monde si on la définit : un
ensemble de règles destinées à assurer la cohésion,
le progrès et le bonheur de l'espèce humaine. Ou
encore : l'intérêt de l'individu considéré dans ses
rapports avec la collectivité dont il fait partie.

Ces règles, comme le prétendent les rationalistes,
peuvent avoir un caractère immanent, absolu, au
même titre que les principes mathématiques, car
elles découlent comme eux de la nature même des
choses. Elles peuvent avoir été révélées par une divinité qui, pour créer un être d'une beauté et d'une
noblesse supérieures aurait allumé dans l'âme humaine le flambeau de la conscience. Mais il faut
reconnaître que cette révélation ne s'est pas faite
d'un seul coup, de façon totale, qu'elle se poursuit à
travers les siècles et que chaque jour la conscience
morale s'affine à mesure que se développe, par les
progrès de la raison et de l'expérience, l'intelligence
de l'homme. A l'origine, faible lumignon que le
moindre souffle menace d'éteindre, la conscience
morale tend à devenir un éclatant soleil. L'histoire de l'humanité est le spectacle sublime des
efforts que fait l'homme pour s'arracher à l'animalité, à la vie bornée, égoïste, brutale, cruelle,

_____

(1) Cf. Bunge, *Le Droit c'est la force*, p. 169.

pour arriver à une vie plus large, plus libre, plus
douce, plus belle ; et cette lutte héroïque, cet affran-
chissement progressif de l'homme s'appelle la civilisation.

Étudier les origines et les progrès de l'idée de
morale dans les relations entre les hommes et entre
les peuples, c'est étudier les origines et les progrès de
la civilisation.

Ce progrès s'accomplit par l'extension du principe
d'association entre les hommes, par la substitution
au sein de la société de l'ordre au désordre, de
l'organisation à l'anarchie, de la justice et du droit
à l'inégalité et à la violence, de la sécurité à l'insécurité, de la solidarité et de l'union pour la vie
à la lutte pour la vie.

Or, comme le dit M. Novicow, l'expansion de la
vie, l'association, l'ordre, l'organisation, la liberté,
l'égalité, le bien-être matériel, la civilisation, le
progrès et la justice universelle sont, à un certain point de vue, des termes et des notions identiques.

Toute injustice est une mutilation, donc une limitation de la vie.

L'extension de la justice est un accroissement et
une libération de la vie. Si, d'individuelle et de
nationale, la justice devient internationale, le bonheur
humain s'accroîtra dans d'immenses proportions.
Aucun travail ne sera perdu, toutes les richesses
seront utilisées. L'éducation sera plus facile et plus
répandue, l'instruction se développera sans limites,
la science conquerra l'univers.

Ainsi la civilisation est le produit de l'effort séculaire de l'humanité, qu'anime la volonté de vivre
avec toujours plus d'intensité. Elle veut aboutir au
surhomme : non pas créer cet être artificiel, anti-
social et cruel, au cœur de bronze et sans hérédité,
tel que l'a rêvé l'imagination d'un Nietzsche ; mais
au contraire un être qui résumerait en lui toutes les

victoires de l'homme sur la brute, dont chaque acte contribuerait à fortifier le lien qui l'unit à ses semblables et qui, par contre coup, profiterait de tous les avantages que lui procurerait une société parfaitement organisée.

Mais ce progrès de l'association au sein de l'humanité, qui est en même temps le progrès de la civilisation et de la justice, ne va pas sans de multiples arrêts et de pénibles combats. Plus un organisme devient compliqué, plus il est délicat et fragile. L'histoire des sociétés humaines révèle un combat acharné entre l'ordre et le désordre, la justice et l'injustice, l'association et la dissociation, le bien et le mal, Ormuz et Ahriman. A chaque instant l'anarchie, le despotisme et le banditisme, dont la guerre n'est que la floraison, viennent menacer l'œuvre de la civilisation, l'expansion de la vie.

Cependant le progrès se fait, la civilisation avance, l'humanité, comme un organisme sain et robuste, résiste depuis des siècles aux crises qui l'assaillent et qui maintes fois l'ont conduite au bord de l'abîme.

Depuis longtemps, à l'intérieur même des différents groupes sociaux, le crime et le banditisme sont considérés comme l'ennemi, comme la maladie, qu'il faut s'attacher à détruire. Il n'en est pas encore de même, hélas, dans les relations des groupes sociaux entre eux, des différents peuples ou des divers États.

Tandis que l'homme essaie d'extirper à l'intérieur des nations le pillage et le meurtre comme néfastes au bien être de la société, on glorifie encore dans les rapports des États les bienfaits de la guerre ; et on attribue à ce procédé certaine vertu mystique qui fait de la destruction violente un régénérateur, et du poison un remède. Mais, en dépit des apparences, ici même le progrès est évident. Le rêve guerrier s'éteint de plus en plus.

Depuis les origines de l'humanité, l'organisation,

la justice s'étendent sur des domaines toujours plus vastes. Le progrès s'accomplit « d'une façon cyclique ». L'organisation naît dans la famille, et de la famille passe au clan, à la tribu, à la cité : elle croît et s'élargit comme les cercles concentriques que dessinent les ondes sur la surface tranquille d'un étang, au tomber d'un corps. L'association qui ne comprenait à l'origine qu'un petit nombre d'individus et qui était bornée à un cercle étroit, englobe maintenant des millions d'individus de races, de nationalités, de couleurs et de religions parfois différentes. La Grande-Bretagne et son empire en sont un exemple frappant. Et déjà, sans crainte d'être taxé d'optimisme, on peut prévoir et prédire le temps où sera réalisée l'association universelle.

L'histoire des progrès de la morale au sein des sociétés humaines n'est autre chose que l'histoire des progrès de la civilisation. Ce sont les principales phases de cette lutte séculaire pour le triomphe de l'idée de justice dans les relations entre les peuples que nous essaierons de retracer au cours de cette étude.

LIVRE PREMIER

Les Origines
de la Morale Internationale

CHAPITRE PREMIER

---

§ I. — *La Lutte pour la Vie.*

Avec Lamarck et Darwin, la science semble avoir démontré d'une façon définitive que la lutte pour la vie est la loi essentielle de la biologie. Tout être animé tend à persévérer dans l'être, à échapper à la mort et à vivre avec une intensité toujours plus grande. En lutte perpétuelle avec le milieu dans lequel il se trouve, le plaisir l'avertit d'une augmentation de puissance, la douleur lui est un signe que son existence est en danger. Aussi recherche-t-il le plaisir et évite-t-il la douleur, travaille-t-il incessamment à s'adapter, par ses propres forces ou par l'association avec d'autres organismes, au milieu dans lequel il se trouve. Et dans la lutte pour l'existence, dans l'éternel combat entre la vie et la mort, les être les mieux doués, les mieux équilibrés, les plus en harmonie avec le monde extérieur, les plus capables de se défendre contre les ennemis innombrables qui les menacent, les mieux adaptés en un mot, sont aussi ceux qui ont le plus de chance de survie. Les caractères acquis par l'individu au prix de pénibles efforts se fixent dans l'espèce par l'hérédité ; ainsi se forment les races supérieures, produits plus ou moins réussis de l'évolution biologique, et surévolution de la vie.

L'adaptation, la sélection naturelle et l'hérédité sont les trois aspects principaux de la lutte pour la vie, ou de l'évolution de la vie.

L'homme n'échappe pas à cette loi. A le considérer d'un certain côté il est soumis aux mêmes besoins que les animaux et exposé aux mêmes luttes. Il est même plus faible que beaucoup d'animaux, puisqu'il n'a pas les griffes du tigre, la machoire du lion, la peau épaisse de l'éléphant et que son instinct, considérablement émoussé, ne le sert plus infailliblement comme celui du chien ou des abeilles. Comment l'homme a-t-il pu, en dépit de sa misère originelle et de sa faiblesse primitive, sortir victorieux de la lutte pour la vie ? Par quel moyen a-t-il pu suppléer à la pauvreté de ses ressources ?

Ce moyen il l'a trouvé dans la faculté d'inventer, de raisonner, d'induire et de déduire, dans les forces de l'intelligence.

Mais comment l'homme a-t-il pu s'arracher à la vie végétative et s'élever jusqu'à la pensée ? Est-ce par une révélation divine, comme l'affirment les philosophes spiritualistes ; ou bien est-ce parce que l'homme jouissait du *situs erectus* et d'une conformation spéciale de la main qui favorisait la préhension des objets, ainsi que le prétendent les empiristes ?

Faut-il croire avec les religions que Dieu a voulu créer l'homme à son image, ou ne faut-il voir dans l'éclosion de la pensée humaine qu'un " suragrégat " comme dit M. Ribot — ou un " épiphénomène " selon l'expression de Maudsley — une surévolution, postérieure à la vie animale? La question n'est pas près d'être résolue. Le débat est ouvert depuis des siècles ; les plus récentes découvertes de la paléontologie humaine ne sont encore parvenues à l'éclairer que d'une vague lueur et le champ reste ouvert, pour des siècles encore, à toutes les imaginations et à toutes les hypothèses.

Quoi qu'il en soit des origines de la raison humaine, son éclosion n'en fut pas moins pour l'homme un bienfait inappréciable. Elle allait lui donner sur les animaux, dans la lutte pour la vie, une énorme supériorité en lui permettant de substituer à la lutte individuelle la lutte sociale.

L'animal en général lutte seul, et avec des ressources limitées, parfois très puissantes, mais qu'il n'a ni l'intelligence ni la faculté d'augmenter ou de renouveler. Il est figé dans un mode d'action qu'il porte souvent à la perfection mais qui reste toujours le même.

L'intelligence, par l'invention et l'association, a permis à l'homme d'amplifier son pouvoir presque à l'infini.

Grâce à l'invention technique, l'homme met à son service toutes les forces de la nature. Par une série d'admirables stratagèmes il fait passer en son pouvoir la force du vent, celle de l'eau, celle du feu, celle des animaux ; il se garantit contre les intempéries en se construisant des habitations, il amasse des réserves d'aliments afin de ne jamais souffrir de la famine.

Grâce à l'association, l'homme dont les forces individuelles sont bornées devient capable de profiter des inventions et des efforts de tous ses congénères, et d'acquérir ainsi une puissance incomparable, au regard de sa faiblesse native. " L'homme est un animal sociable ", dit Platon. C'est en effet sa caractéristique, la qualité qui lui assure une place éminente dans l'échelle des êtres.

§ II. — *L'Association et la Justice.*

Le jour où l'homme, sciemment ou instinctivement, conclut pour la première fois une *association*, il accomplit un acte d'une portée incalculable qui lui donna l'empire du monde. En même temps, il créa ou retrouva la morale sociale, expression de la loi interne de justice sans laquelle l'association ne pourrait subsister et dont le respect était seul capable d'assurer les progrès incessants de l'espèce humaine.

Il est aisé de démontrer que toute association repose sur la justice et n'est durable que par elle.

Lorsque deux êtres s'associent, ils mettent en commun leurs aptitudes, leurs facultés, toute leur puissance pour mieux résister aux ennemis du dehors et pour se procurer une vie supérieure. Et comme il n'est pas en ce monde deux êtres identiques, que chacun a sa spécialité, les deux êtres qui s'associent profitent mutuellement l'un de l'autre. Mais cet échange ne peut exister sans la liberté, sans l'égalité, en un mot, sans la justice.

Toute entrave à la liberté peut se ramener à une mutilation c'est à dire à un amoindrissement de la force vitale. Tout individu qui entraverait son associé dans sa liberté, l'empêcherait de mettre en jeu et de développer toutes les puissances qui sont en lui ; de même, en ne lui donnant pas en échange l'équivalent de ce qu'il a reçu, il risquerait fort d'étioler, d'anéantir son associé ou de provoquer de sa part une révolte : par suite, de se faire grand tort à lui-même. Pour avoir tenté de créer à son profit un privilège, pour exploiter son associé, pour l'avoir mis dans une condition d'infériorité à son égard, pour ne lui avoir point reconnu des droits égaux aux siens, pour avoir fait acte de tyrannie, en un mot pour avoir violé la loi de justice, le coassocié malhonnête aurait rompu le lien de l'association et en aurait perdu les avantages. Par sa faute il serait revenu de la puissance sociale à la misère individuelle.

La justice est si bien l'essence, la condition *sine*

quâ non de l'association qu'on la trouve déjà dans les organismes inférieurs qui ne sont que la réunion et l'union de diverses cellules vivantes associées les unes aux autres pour se prêter un mutuel appui. Les protozoaires, composés d'une seule cellule, n'ont qu'une vie éphémère. Les organismes supérieurs, composés de plusieurs millions de cellules différenciées les unes des autres et dont chacune a sa fonction spéciale, peuvent vivre un très grand nombre d'années. Mais à une condition essentielle, c'est que chaque cellule ou chaque groupe de cellules accomplisse la tâche qui lui est assignée et ne veuille pas vivre aux dépens des autres. Dans les organismes inférieurs, les échanges entre les cellules se font d'après des lois qui nous échappent encore. Dans les organismes supérieurs, c'est le cerveau qui se charge de régler l'envoi du sang et de la matière nutritive vers les organes et les groupes de cellules qui ont fait le plus de travail utile, et qui ont le plus besoin d'être régénérés. C'est là l'image même de la justice distributive et de la solidarité sociale, qui veut que les différents êtres se prêtent un mutuel appui et que chacun soit récompensé selon son mérite. Dans le mécanisme de l'échange, les différentes cellules, les différents groupes de cellules ou les différents êtres ont des droits égaux. Mais cette égalité, qui est la base de l'association, ne doit pas être comprise à la façon dont l'entendent de nos jours certains démagogues qui, par une réaction exagérée contre les principes aristocratiques et pour flatter les passions de la foule, proclament l'identité de valeurs de tous les hommes ; ce qui est en contradiction absolue avec les faits palpables et avec les lois de la biologie.

L'égalité dont il s'agit ici est une égalité de droit, une égalité juridique. C'est le droit absolu pour chaque être, quelle que soit son humble tâche, de ne pas être opprimé, de ne pas être mutilé, de ne pas être privé du produit de son travail utile, à l'égal

de l'être qui accomplit une tâche plus haute. L'inégalité des aptitudes, des moyens et des conditions est
un fait. Par suite de l'évolution, les cellules, les
organes et les êtres sont allés en se différenciant, et
l'homme au sein de l'humanité n'a pas échappé à
cette fatalité. C'est cette différenciation, cette spécia-
lisation des aptitudes et des fonctions qui a permis
la solidarité sociale et le progrès.

Dans l'organisme il y a des cellules nobles qui
accomplissent une tâche supérieure et il y a d'humbles cellules dont le travail parait moins important
en apparence. Mais, en dépit de cette différence de
fonctions, les diverses cellules associées se doivent
un respect mutuel. Dès que l'une, se prévalant de sa
force ou de sa noblesse, cherche une vie plus intense
au détriment des autres, il se produit aussitôt des
troubles profonds dans l'organisme. Ces troubles
prennent le nom d'hypertrophie, d'anémie, de maladie
et peuvent conduire à la mort. Pour que la santé
revienne il faut le rétablissement de l'ordre, de la
liberté, de l'égalité, de la solidarité, en un mot de la
justice qui ne se laisse jamais impunément violer.

De même que dans les organismes végétaux ou
animaux, la justice, que l'on pourrait encore appeler
*l'équilibre des forces, la juste répartition de
l'énergie vitale dans les diverses parties de l'association*, est une loi inéluctable des sociétés humaines.

Cette vérité, les premiers hommes ne l'ont pas
vue clairement, alors qu'elle nous apparaît dans son
entière beauté, après de nombreux siècles de civilisation. Cependant elle s'est lentement imposée à
l'humanité comme une nécessité même des choses.

§ III. — *Les Notions de Morale et de Droit.*

Le raisonnement et l'expérience en ont révélé
peu à peu les aspects divers. Et à mesure que l'hori-
zon mental de l'homme s'est élargi, à mesure qu'a

augmenté le nombre de ses idées et de ses connaissances, il a créé la *morale* et le *droit*. Ces deux domaines se confondent à l'origine et ne sont que la systématisation plus ou moins parfaite de règles théoriques et pratiques imposées par la marche de l'évolution ; et ces règles découlent toutes du même principe de justice dont le but est d'assurer la cohésion de la société et le bonheur de l'espèce humaine. Sans doute les débuts de la morale et du droit ont été très humbles ; mais le premier acte d'association contenait virtuellement en lui leur développement ultérieur, comme le gland contient le chêne.

Bien que basée sur les instincts de famille, dit M. Bunge, l'association, même d'un groupe déterminé d'hommes primitifs, constituée spécialement en vue de la chasse, devait se soumettre à certaines règles ou principes élémentaires. Il fallait, en premier lieu, une espèce d'acquiescement basé sur l'expérience, relativement à la réunion des chasseurs et au partage du butin. En s'associant pour leurs entreprises les hommes primitifs durent formuler, en fait, dans leur langage grossier et à peine articulé certains principes de loyauté et de respect les uns pour les autres. Les pères et les frères furent amenés à acquérir tacitement ou expressément, et surtout par l'usage, des règles pratiques de conduite, déterminant leurs droits et leurs devoirs réciproques. L'association n'eut pas été possible sans cela. Ainsi, une fois que l'esprit humain eut pris l'habitude de l'association, même en groupes nomades et transitoires perpétués d'ailleurs par les liens de la famille, il s'imposa des principes de sociabilité, et l'on reconnut des actes donnés comme licites et permis, d'autres comme prohibés et illicites. Il se forma donc spontanément et du fait de l'expérience certaines règles de conduite ; elles constituèrent les premières règles éthiques et c'est d'elles, avec la marche du temps, que sortirent les principes du droit et de la morale,

Leur origine commune se confond ainsi avec les humbles débuts de la sociabilité rudimentaire des hommes. Les premières règles éthiques, qui contiennent à l'état indéfini tout le droit et toute la morale, avaient nécessairement des sanctions. Bien mieux, c'est la répétition habituelle de ces sanctions qui a dû former ces règles. C'étaient des châtiments ou des mépris infligés par l'association. Tout le clan, en masse, avait ainsi à interpréter des actes et à les punir ; et, par là, prenait naissance la conscience sociale.

Ce n'est que plus tard que les chefs ou le patriarche se virent réserver le soin d'appliquer les sanctions et même de les prononcer. Et ce n'est qu'avec l'apparition des premières idées religieuses, que les prêtres arrivèrent à faire entrer les règles éthiques dans leur concept du surnaturel et à leur donner ainsi plus d'efficacité et de stabilité. C'est ainsi que les règles éthiques, nées des besoins sociaux, tendirent à se transformer en règles religieuses, et que les peuples sauvages renforcèrent leurs principes moraux et juridiques en les confondant avec les mythes.

Des centaines, des milliers de siècles s'écoulèrent avant que l'homme arrivât à concevoir la bifurcation de l'éthique en deux branches : l'une religieuse et idéale, la morale, — la seconde politique et pratique, le droit (1).

A l'origine, comme le fait remarquer M. Bunge dans le passage que nous venons de citer, le droit et la morale se confondent. Le père de famille ou le patriarche est à la fois prêtre et juge : il punit ou récompense les actes des membres de la société dont il est le chef, d'après les règles de la tradition et de la coutume.

Dans leur état patriarcal les Aryens sont gouvernés

(1) Bunge, *Le Droit c'est la Force.*

par le mâle le plus fort et le plus prudent, qui garde jalousement sa femme ou ses femmes ; tous ceux à qui s'étend sa protection vivent sur un pied d'éga ité. L'étranger, que les circonstances amènent à servir sous son toit, ne se distingue pas de l'enfant qui y est né. Mais quiconque échappe à la communauté, femme, fils ou esclave, rompt ses relations avec le groupe et détruit la parenté, qui signifie soumission à l'autorité, participation à la protection.

La loi principale est celle du talion qui se trouve admirablement résumée dans ce passage de la Bible : « Celui qui tue un homme quel qu'il soit sera puni de mort. Celui qui tue un animal devra le remplacer : vie pour vie. Quand un homme infligera une blessure à un autre on lui en infligera une pareille : fracture pour fracture, œil pour œil, dent pour dent, on lui fera le même mal qu'il a fait à autrui... Vous n'aurez qu'une seule loi ; l'étranger sera traité comme celui qui est né dans le pays ; car je suis l'Eternel votre Dieu » (1).

Sans doute ces règles ne sont pas toujours bonnes, car l'homme, s'il a le privilège de l'intelligence a aussi celui de l'erreur et il peut croire bon au progrès de son association ce qui en réalité lui est néfaste. Il n'avance qu'en tâtonnant, l'expérience l'instruit, et, de toutes les règles qu'il élabore, le temps ne laisse subsister que celles qui sont véritablement profitables aux progrès de l'espèce humaine. Ce progrès se fait en zig-zag. Mais, quelle que soit la fragilité de tout système de morale ou de contrainte pour le bien de la société, l'acceptation d'une règle, même imparfaite, est une victoire de l'ordre sur l'anarchie primitive.

Peu à peu, avec les progrès de l'évolution, l'éthique primitive se divise en deux branches : le droit et la morale.

---

1) Lévitique (XVIV, 77-22).

Par suite du développement de la conscience morale les hommes en viennent à distinguer entre les actes qui relèvent plutôt du for intérieur, que le sujet lui même peut seul connaître et dont il est seul juge, et ceux que la société peut connaître et réprimer elle-même à l'aide de sanctions pénales.

Ainsi : « Il est bon d'aimer ses parents et d'être charitable ». Mais la société ne peut obliger chaque citoyen à la charité et à l'amour. Tout au plus peut-elle infliger à ceux qui s'écartent notoirement de cette règle la sanction du mépris public. Encore moins la société peut-elle sonder les cœurs et se faire juge de la sincérité des intentions. Ce domaine de la conscience est celui de la morale.

Par contre il est des actes qui nuisent d'une façon trop évidente, trop directe et trop brutale à la santé de la société, par exemple : tuer, mutiler ou voler. Ces actes, la société les réprime et les condamne par par la loi ; ils sont du domaine du droit.

Il n'y a donc pas contradiction, comme certains philosophes ont voulu le prétendre, entre le droit et la morale. Le droit du plus fort n'est qu'un euphémisme pour justifier la brutalité et la violence. Il n'y a pas, entre le droit et la morale, différence de nature, mais seulement différence de degré.

« Le droit, dit M. Bunge, est le minimum d'éthi-« que dont la transgression doit être punie par les « autorités publiques ». Et il ajoute avec beaucoup de de justesse : « Le droit a pour résultat ou objet la « délimitation des intérêts humains ; son contenu est « la liberté de tous et de chacun des membres de la « collectivité sociale, en tant que cette liberté peut « être regardée comme condition indispensable de la « vie des hommes et des peuples ».

Tous les progrès du droit au sein des sociétés humaines et dans les relations de ces sociétés seront donc des progrès de la morale ; et réciproquement tous les progrès de la morale amèneront une victoire du droit et un progrès du bien-être dans l'humanité.

§ IV. — *La Guerre et la Civilisation.*

Si les hommes avaient eu la compréhension totale de cette idée, qui nous paraît aujourd'hui claire et évidente, ils n'auraient point perdu leur temps et leurs forces à se faire la guerre, à s'entredétruire. Partout et toujours ils auraient respecté l'idée de justice, ils auraient poussé l'idée d'association jusqu'à ses dernières conséquences et ils se seraient hâtés de réaliser la fédération universelle qui seule pouvait leur donner le maximum de puissance et de bien être.

Malheureusement, la croissance de la morale et du droit au sein des sociétés humaines ne s'est pas poursuivie d'une façon logique. Après s'être élevé d'un bond admirable au dessus de l'animalité, l'homme n'a pas su conserver son élan. Après avoir entrevu les beautés de l'association, il est retombé dans l'erreur qui lui faisait considérer son semblable non comme un associé mais comme un adversaire et qui le poussait à l'opprimer, à le détruire. Aussi haut que l'on remonte dans les annales de l'humanité la guerre apparaît comme une maladie chronique. La science moderne semble avoir démontré l'erreur de la théorie de Rousseau, d'après laquelle l'homme serait né bon et aurait été corrompu par la civilisation. Tout au plus peut-on imaginer aux origines de l'humanité une civilisation pastorale et pacifique que le banditisme de quelque race guerrière serait venu détruire, et dont le souvenir se serait conservé dans la légende de l'âge d'or. Mais, à l'époque historique tout au moins, l'homme s'est montré un loup pour l'homme, comme dit Hobbes, et il n'a pas de pire ennemi que lui-même. Il a perdu des milliers de siècles à opprimer ses semblables, et à ruiner ainsi

les assises de la civilisation et de son propre
bonheur. Aux temps de sauvagerie et de barbarie
dont nous ne sommes pas encore complètement
sortis, quoi qu'en pense notre fierté, l'état naturel de
l'homme semble être une lutte externe continuelle :
« Les diverses races sauvages, dit Sir John Lubbock,
n'ont entre elles que peu de relations spécifiques.
Elles sont presque toujours en guerre. Si leurs habi-
tudes sont semblables, ce sont de mortelles rivales,
car elles luttent pour les meilleures pêcheries ou les
meilleurs territoires de chasse ; si les besoins sont
différents, elles combattent pour avoir des femmes,
des esclaves, des ornements, ou, si elles ne s'en
soucient point, c'est alors pour le plaisir de se battre,
pour obtenir des têtes, des chevelures et autres
emblèmes considérés comme glorieux. Dans de telles
conditions chaque tribu vit, soit à l'état d'isolement,
soit à l'état d'hostilité avec ses voisins. On ne se rencontre que pour se battre ».

Plus tard, lorsque la nécessité de l'éthique, de la
soumission volontaire de l'individu à la règle commune dans l'intérêt supérieur de la société, eut été
reconnue dans les différents groupements humains,
ces groupements n'en restèrent pas moins ennemis
les uns des autres et n'en continuèrent pas moins à
se faire la guerre. Les sentiments d'humanité et de
confraternité mondiale sont d'origine relativement
moderne.

« L'homme primitif ne dut connaître en fait de
règles éthiques et techniques que celles qui le con-
cernaient, lui, sa famille, son clan, sa caste. Dans
les luttes externes de tribu à tribu, de race à race, il
n'y a pas de règles éthiques possibles ; tout est permis :
la fraude, la trahison, le vol. C'est pourquoi l'éthique n'est pas née comme un principe général de solidarité humaine. Pour mieux dire, ce n'est pas une
éthique ni un droit qui se sont formés, ce sont des
éthiques et des systèmes juridiques innombrables,

chacun dans un groupement respectif. Ces groupements n'étaient pas seulement indépendants les uns
des autres, ils étaient des ennemis naturels. A une
époque déjà avancée de la civilisation antique, la
légitimité de la haine de l'étranger est encore
admise par des philosophes comme Platon et Aristote, des poètes comme Euripide, des orateurs
comme Isocrate, des historiens comme Polybe et
Tacite. En Grèce et à Rome, le même mot sert à dire:
« étranger » et « ennemi » (1).

Pour les anciens, l'étranger et le vaincu n'avaient
pas de droits véritables. Le peuple le plus fort, le
mieux armé, le plus audacieux, le plus entreprenant
avait le droit de subjuguer tous les autres et de les
traiter suivant sa fantaisie. *Væ Victis !* Malheur aux
vaincus ! Tel est le cri farouche et sinistre qui
retentit comme un écho à travers les siècles. L'histoire des juifs, des Mèdes et des Perses, de la Grèce
et de Rome n'est qu'un long récit de crimes ; et ceux
qui les commettent, loin d'avoir conscience de leur
iniquité et de leur horreur, ne cessent de se vanter et
de se glorifier.

Les hommes ne s'élevèrent donc pas rapidement à
la conception de la justice parfaite qui doit être la
règle des individus aussi bien que des États. Ils ne
firent que substituer l'égoïsme individuel à l'égoïsme
collectif, la lutte de groupe à groupe à la lutte individuelle.

Bon nombre de philosophes de l'époque actuelle
jugent que ces luttes fratricides des différentes
sociétés humaines ont été nécessaires ; ils les expli-
quent par les haines de race, et ils affirment qu'on
leur doit les progrès de la civilisation.

Le philosophe américain Lester Ward dont les
théories sociologiques ne sont que la continuation

---

(1) Bunge, *Le Droit, c'est la Force.*

des travaux des philosophes allemands, Gumplowitz
et Ratzehofer dit à ce propos :

« Il est impossible de ne pas prendre en considé-
« ration l'influence de la guerre et de la paix sur les
« progrès de l'humanité. Le monde civilisé tout
« entier a conscience des horreurs de la guerre et si
« la sociologie a des visées utilitaires, l'une d'elles
« doit consister assurément dans un effort tendant à
« en diminuer et à en atténuer les horreurs. Mais la
« sociologie pure est simplement une étude des faits
« et des états sociaux ; elle n'a rien de commun avec
« les visées utilitaires. Et sitôt qu'on se livre à une
« étude complètement objective, on est obligé de
« reconnaître comme un fait incontestable que la
« guerre a été *la condition principale et domi-*
« *nante du progrès de l'humanité.* Ceci est parfai-
« tement évident pour celui qui comprend le sens de
« la lutte des races. Quand les races cessent de lutter
« le progrès s'arrête. Elles ne veulent aucun progrès
« et n'en font aucun. Pour toutes les races primitives
« et un peu développées, l'état de paix est un état de
« stagnation. Nous pouvons élever nos âmes et nous
« réjouir des bénédictions de la paix, mais les faits
« restent comme ils ont été établis et les conclusions
« qui s'en dégagent ne peuvent pas être réfutées » (1).

Si l'on en croit donc le philosophe américain, aux
origines de la civilisation la guerre était nécessaire
pour amener un croisement de races, une fécondation des races inférieures, ou prétendues telles, par
les races soi-disant supérieures. Voici toujours
d'après le même auteur, comment se serait opérée
cette fécondation :

« Lilienfeld, dit-il, a comparé le processus qui
s'opère par la conquête à la fécondation biologique.
La race conquérante représente le spermatozoïde,

_____

(1) Lester Ward, *Pure sociology,* 235.

l'élément passif et subordonné ; le mélange réunit les caractéristiques des deux progéniteurs...

« Ce processus a été complètement décrit et illustré par M. Gumplovicz et Ratzehofer, et ils ne sont pas seulement d'accord sur les phases successives du développement, mais même sur l'ordre dans lequel elles se produisent généralement.

1º Asservissemnt d'une race à une autre ;

2º Origine des castes ;

3º Adoucissement de cette condition aboutissant à une grande inégalité au point de vue politique ;

4º Substitution d'une forme légale à la sujétion purement militaire ; apparition de l'idée de droit ;

5º Origine de l'État dans les limites duquel toutes les classes ont des devoirs et des droits ;

6º Coalescence d'une masse hétérogène d'éléments ethniques dans un peuple plus ou moins homogène ;

7º Naissance et développement du sentiment patriotique et formation de la nation. »(1)

Ainsi donc d'après cette théorie, le vol, le pillage, le meurtre, la cruauté, la violence étaient nécessaires aux progrès de la civilisation. Ceux qui avaient le malheur d'être les vaincus n'avaient droit à aucune pitié, à aucune justice ; ils étaient réduits à l'esclavage et c'est l'obligation où ils se trouvaient de travailler sous le fouet du maître qui devait faire progresser l'humanité.

Cette théorie barbare qui n'est que la glorification de la brutalité, de l'anarchie, du banditisme, de toutes les puissances dissolvantes du lien social, et le triomphe de la mort sur la vie, trouvera plus tard son expression la plus parfaite dans le sophisme de la raison d'État. Elle est maintenant très en honneur chez tous les philosophes qui prétendent juger

---

(1) Lester Ward, *Pure Sociology*.

des événements humains objectivement, sans se laisser emporter par leur imagination et faire œuvre purement scientifique. C'est le cas par exemple du philosophe argentin Bunge qui, dans un récent ouvrage plusieurs fois cité au cours de ce travail, se donne grand mal pour arriver à concilier le point de vue biologique tel que le comprennent Gumplowitz, Ratzehofer et Lester Ward, avec celui de la morale rationnelle telle qu'elle est généralement admise dans les pays de civilisation chrétienne. Pour lui les luttes sanglantes entre les hommes sont inévitables et salutaires à cause de ce qu'il appelle la spécicité humaine. A l'encontre des autres animaux qui dans les mêmes races se ressemblent d'une façon frappante, les hommes ont entre eux des différences individuelles si grandes, que chacun d'eux semble former une espèce à part. Ces aptitudes et ces particularités individuelles qui distinguent les hommes les uns des autres, transmises par l'hérédité, ont formé les races. Parmi ces races, les plus fortes et les mieux douées ont subjugué les plus faibles pour leur imposer la nécessité du travail et amener la fusion des races.

« Puisque les espèces luttent entre les espèces, dit-il, l'extrême spécicité de l'homme explique la lutte humaine. » Si la spécicité humaine engendre les luttes humaines, il est logique de penser que plus les différences spécifiques seront grandes, plus ces luttes seront féroces. De là, la douceur relative des luttes internes toujours terminées par l'éthique et le droit ; de là, la rudesse sanglante des luttes externes dont la solution ne peut être que la soumission absolue ou la mort du vaincu. *Delenda est Carthago*. « Vaincre, nous enseigne César, c'est subjuguer l'adversaire ; c'est cela faire la paix ». Tel est le concept de la paix romaine.

M. Bunge dit : « La lutte produit des vainqueurs et des vaincus. Les vainqueurs accaparent les postes

et les places, donnent le pouvoir et imposent le travail et la servitude aux vaincus. Voilà l'origine des
castes et des classes. De la sorte, les classes sociales
ou les castes sont une expression juridico-politique
de la spéciété humaine. Leur véritable base est donc
fondée sur les différences ethniques. Le milieu
géographique rend certaines races plus fortes et plus
intelligentes que les autres ; ces races s'imposent
par leur supériorité plus ou moins relative et passa-
gère.

« Dans son acception primitive, le mot « caste »
signifiait pur, pureté du sang, du lignage. Il vient
de warna, terme sanscrit qui veut dire « couleur »,
attendu que la couleur, la coloration du teint est le
signe distinctif le plus apparent des races. Les peuples de « meilleure » race faisait la conquête des
peuples de race « inférieure » et de leur territoire,
puis imposaient à ceux-ci, absolument vaincus, leur
« supériorité », leur caste.

« La conquête, l'esclavage et les castes ont occa-
sionné une division du travail accentuée et disci-
plinée ; cette division a fait la civilisation. Comme
on demandait à Pharaon comment avaient été
construites les Pyramides il montra un fouet d'esclave. Il avait raison : le fouet a élevé tous les grands
monuments de l'antiquité ; le fouet a été le stimu-
lant de l'histoire.

« C'est pourquoi l'histoire est essentiellement aris-
tocratique. Comme l'ont enseigné Strauss et Renan,
toute civilisation est le produit d'une aristocratie ».

Et dans un autre passage de son ouvrage le même
auteur ajoute :

« L'histoire ne nous a pas dit que les haines de
castes, de races et d'espèces aient toujours été un
sentiment contraire au progrès. Loin de là, toute
civilisation est plus ou moins l'œuvre d'une aristocratie oppressive. C'est ce qu'enseignent fort justement Mommsen, Renan, Summer Maine ; et il n'y

3

a aucun esprit impartial qui puisse le nier, en général, en étudiant consciencieusement le passé de
l'humanité ».

Si l'on en croit donc les théories des philosophes
que nous venons de citer, l'humanité serait allée à
la justice par l'injustice, à la liberté par l'oppression,
à l'ordre par le désordre, à la sécurité par l'anarchie,
à la prospérité par la ruine, à la vie par la mort.
Ces savants, dont l'érudition historique et les com-
paraisons biologiques n'ont pour but que de justifier
le culte brutal de la force, se représentent la guerre
comme un creuset gigantesque dans lequel viendraient se fondre les races, les peuples, les civilisations de toute provenance et d'où sortirait, par la
vertu d'on ne sait quelle chimie, une humanité
supérieure.

Ces affirmations sensiblement illogiques, contraires au bon sens, ne mériteraient guère de retenir
notre attention, si elles n'étaient en même temps
dangereuses et si elles ne servaient, en invoquant
les lois inéluctables de la nature, à perpétuer
l'erreur qui fait croire à l'homme que son plus cruel
ennemi est l'homme.

Dans la lutte éternelle entre le bien et le mal, le
prince des ténèbres, nous enseigne la religion chrétienne, triomphe souvent par sa puissance de sophisme.

Ne triompherait-il pas plutôt par suite de l'in-
croyable crédulité humaine ; et ne faut-il pas en
effet être crédule à l'excès pour croire que le bien
découle du mal, que le bien égale le mal, et pour
proclamer l'identité des contraires, comme Hegel et
ses disciples.

L'erreur de tous ces philosophes qui font découler
le droit de la force, la civilisation de la violence, la
justice de l'injustice, l'amour de la haine, c'est de
voir un phénomène de causalité là où il n'existe en
réalité qu'un phénomène de succession.

Hypnotisés par la guerre qui a frappé leur imagination à la façon d'un cataclysme et leur a empêché de voir le jeu régulier des forces naturelles qui seul garantit la vie et la croissance des sociétés, ils ont attribué au monstre une vertu surnaturelle, une puissance créatrice et régénératrice qu'il n'avait point.

La guerre n'a pas empêché la civilisation de progresser, donc la guerre est la cause de la civilisation. C'est le fameux sophisme *post hoc ergo propter hoc.*

Comme nous l'avons déjà dit à plusieurs reprises, ce qui a causé l'expansion de la vie et le progrès de la civilisation, ce ne peut être l'injustice, le désordre, la dissociation, la mort, ce ne peut être que la justice, l'ordre, l'association, la vie même.

Si les guerres avec tout leur ideux cortège de vols, de pillages, de massacres, de viols, de tortures, d'oppression et d'esclavage ne sont pas parvenues à arrêter le progrès absolu de la civilisation, c'est que d'abord elles n'ont pas été perpétuelles, et qu'ensuite elles ont, en dépit de leurs horreurs, toujours laissé subsister un minimum de justice.

Lorsque à la suite d'une guerre le vainqueur massacrait tous les vaincus, lorsqu'il avait anéanti la race contre laquelle il combattait, il n'y avait plus de civilisation possible.

C'est seulement parce que les vainqueurs se contentèrent généralement d'amener les vaincus en esclavage ou de prélever sur eux de lourds tributs que la vie put continuer et se développer par le progrès toujours croissant de l'association.

Quant à la prétendue fécondation des vainqueurs par les vaincus, qui n'est qu'un produit de l'orgueil des races conquérantes, un coup d'œil impartial sur l'histoire nous montre sa fausseté et son erreur. Tout le monde reconnaîtra, que dans la lutte à main armée ce ne sont pas toujours les mieux doués moralement et intellectuellement qui triomphent. Ce sont au contraire les plus hardis, les plus entreprenants, les plus ambitieux, les plus rapaces, les plus cruels, les moins scrupuleux, les plus impitoyables.

Ce sont ces qualités de rapacité et d'égoïsme qui ont assuré le triomphe des premiers Romains sur le reste du monde. Mais ces bandits, puisqu'il faut les appeler par leur nom, ont si peu fécondé, au moins à l'origine de leur puissance et de leur civilisation, les peuples soumis par eux, qu'ils ont été au contraire instruits et éduqués par leurs vainqueurs. Après avoir détruit en vrai barbares la civilisation Carthaginoise, si belle et si florissante, et après avoir subjugué la Grèce, ils se mirent à l'école de leurs adversaires qu'ils avaient amené comme esclaves. Et grâce à la toute-puissance de ses idées et de son génie, la Grèce, comme le dit Horace, vainquit son farouche vainqueur.

Dans la lutte à main armée ce ne sont pas les plus forts et les plus valeureux qui ont triomphé. Les Mèdes et les Perses, les Assyriens, les Egyptiens, les Phéniciens, les Carthaginois et les Grecs, Rome elle-même, malgré leurs civilisations brillantes, n'en sont pas moins tombés sous les coups de la barbarie et n'en ont pas moins été les victimes de la violence et de la guerre.

Mais les idées, heureusement, qui sont immortelles n'en continuèrent pas moins leur marche triomphale à travers le monde pour le plus grand bien de l'espèce humaine.

Sans doute le progrès de l'humanité n'exclut pas la lutte. La vie, la civilisation, le progrès ont pour essence le mouvement, le changement, la lutte perpétuelle entre ce qui est et ce qui doit être. Mais que les partisans de la guerre ne se hâtent pas de triompher et de dire avec Bunge :

« La croissance spontanée du droit n'est qu'une lutte

régulière et séculaire contre l'injustice. Il y a ainsi, comme l'observe Hering, une véritable antithèse dans le droit. Son but est la paix, ses moyens sont la guerre. C'est pourquoi on représente Thémis, déesse de la justice, la balance dans une main et l'épée dans l'autre. Elle pèse le droit avec la balance, elle lutte avec l'épée pour l'établir ».

L'antithèse des philosophes, qui veulent à tout prix faire découler le droit et la morale de la force, en réalité n'existe pas. La morale et le droit sont quelquefois obligés, nous ne le nierons point, d'avoir recours pour se faire respecter à l'appui de la force brutale. Le juge a besoin dans la vie sociale d'avoir à ses côtés un gendarme ; les nations sont encore obligées, pour faire respecter leurs droits, d'avoir des casernes et des forteresses.

Mais en général, comme l'a montré M. Novicow, la lutte sociale lorsqu'elle est réellement efficace s'accomplit par un procédé spécial, tout à fait différent de la lutte biologique, procédé qui exclut totalement l'emploi de la violence, et dont les trois phases se trouvent résumées dans les mots de : invention, discussion, invitation.

La société comme nous avons essayé de le montrer n'a pu progresser que par l'*invention*, c'est-à-dire la représentation idéale d'un procédé technique nouveau ou d'une idée morale nouvelle qu'il s'agissait de faire passer dans la réalité.

Lorsqu'une idée nouvelle est jetée dans le courant intellectuel et moral de l'humanité il se produit, de deux choses, l'une. Ou bien cette idée est immédiatement reconnue bonne par une majorité qui se hâte de la faire passer dans la pratique : c'est alors l'*invitation*. Ou bien cette idée nouvelle heurte par trop les idées reçues, les préjugés en cours, la tradition, la coutume, et alors il y a lutte entre cette idée et les conceptions anciennes : c'est la *discussion*. Persuadé de l'excellence de son idée, l'inventeur s'efforcera, par le raisonnement, par la discussion, de faire partager sa conviction à ses contemporains. Si l'idée est vraiment bonne elle résistera aux attaques de la critique et elle finira tôt ou tard par triompher. C'est ainsi que s'est opéré le progrès, qui n'est que le résultat d'une longue lutte d'idées. Dans cette lutte, la force brutale n'a pu que jouer le rôle d'élément perturbateur. Si l'idée est fausse, ce n'est pas la force brutale qui la rendra vraie et si elle est vraie, ce n'est pas non plus la force qui parviendra à l'anéantir. Pendant quelque temps les esprits obscurcis par leurs passions peuvent la rejeter, mais elle finit par s'imposer à eux parce qu'elle est la vérité. Le fer ne vaut rien contre l'esprit, le droit finalement prime la force.

L'invitation est donc, en dernière analyse, comme le fait remarquer M. Tarde, la loi principale de l'évolution des sociétés humaines.

Les partisans du darwinisme social disent que le progrès est l'œuvre d'une aristocratie oppressive. S'ils se contentaient de dire « d'une aristocratie » ils auraient peut-être raison. Encore l'aristocratie à laquelle ils pensent ne serait pas celle qui réellement fait le progrès. La véritable aristocratie, celle d'où viennent toute civilisation et toute culture, est l'aristocratie intellectuelle.

A toutes les époques de l'histoire il est né des hommes de génie, particulièrement doués quant à l'invention, dont le rôle a été de fournir à la foule de nouvelles idées. Dans tous les domaines de la science, de l'art, de la morale et de la politique, ils ont été des créateurs, ils ont conçu pour l'humanité un nouvel idéal, et ils ont donné à l'activité humaine une orientation nouvelle, afin de répandre dans le monde plus de bien-être et de justice. Le progrès n'a jamais été accompli que par une minorité, une aristocratie. Mais l'erreur des partisans du darwinisme social est de croire que cette aristocratie était une aristocratie oppressive. La seule force des « porte-flambeau de l'humanité » a toujours été une force intellectuelle, la force du raisonnement. Et les progrès de la technique, la rapidité toujours croissante des moyens de communication ont amené une diffusion plus grande des idées, et par suite le progrès de la civilisation.

La guerre, la force brutale, loin de contribuer au développement de l'idée n'a fait que lui apporter des entraves. Ses massacres, à toutes les époques, ont forcément détruit bien des pensées humaines qui n'auraient demandé que la paix pour se développer. Elle a perpétué la haine entre les races et les peuples, et les a empêchés de se connaître, de se pénétrer les uns les autres, de profiter de leurs découvertes mutuelles aussi rapidement que cela aurait été désirable pour le bien de l'espèce humaine. La guerre n'a fait qu'amener le triomphe des violents et des impulsifs. Les brouillons, les ambitieux, tous ceux qui, n'écoutant que leurs appétits et leurs instincts, ont cru qu'il était plus facile de s'enrichir par le pillage et par le meurtre que par le travail, loin de régénérer le monde n'ont fait que le troubler et l'ébranler profondément. Et lorsque les descendants de ces conquérants, dans leur orgueil de caste, prétendent aujourd'hui que leurs pères ont fait la civilisation et qu'eux-mêmes en sont l'armature, ils revendiquent un honneur qui ne leur est pas dû.

Ce sont leurs ancêtres qui ont créé le culte de la force brutale, qui ont divinisé le fait, et qui ont accrédité l'idée qu'il existe deux morales, l'une pour la masse, morale de renoncement, d'abnégation, de charité, de pitié, de solidarité, d'altruisme, l'autre pour la classe dirigeante, pour les hommes forts, que ne doit arrêter aucun scrupule et qui ont le droit de ne suivre que les impulsions de leur égoïsme.

Cette dernière morale, antisociale au premier chef, n'est, quoi qu'en disent ses représentants, que la glorification de la brute. Nous verrons qu'elle a toujours eu d'ardents défenseurs à travers les âges et jusqu'à l'époque actuelle. C'est elle qui donnait l'orgueil d'eux-mêmes aux bandits du Latium commençant la conquête du monde ; et c'est elle qui intoxique encore de nos jours certains peuples et leur fait considérer tel génie du mal comme une divinité tutélaire et secourable.

§ V. — *La Raison d'État.*

Et c'est aussi cette doctrine qui est l'essence de la fameuse théorie de la *Raison d'État*, qui empoisonne depuis des siècles l'esprit de la politique et de la diplomatie, et fait considérer que la collectivité échappe totalement aux règles de la morale régissant l'individu. La raison d'État qui a trouvé au Moyen-Age, dans Machiavel, son théoricien le plus parfait est vieille comme le monde. C'est, comme le dit M. Milkowski (1), « une raison toute spéciale « qui a deux faces : une, défensive, qui consiste à « sauvegarder l'intégrité de l'État, ses intérêts et « son honneur ; l'autre, offensive, ayant en vue « l'agrandissement de son étendue et le rehausse-« ment de son prestige ». Mais ce désir de s'étendre sans cesse, d'ajouter toujours de nouveaux territoires aux territoires déjà conquis est une véritable maladie chronique de l'humanité.

M. Novicow l'a spirituellement appelée « la Kilométrite ». Ce n'est autre chose que l'esprit de rapine et de banditisme transporté de l'individu à l'État, c'est-à-dire à la classe dirigeante, qui s'est arrogé le droit de régler les affaires internes et externes de la communauté. Elle trouve son expression classique dans la formule des romains : *salus populi suprema*

---

(1) *La morale dans la politique*, p. 8.

lex esto. Son véritable nom ne serait-il pas plutôt la déraison d'Etat.

Sans cette déraison d'Etat, sans cette erreur énorme qui fait croire à l'homme qu'il peut s'enrichir véritablement et d'une façon durable en dépouillant le voisin, sans la spoliation perpétuelle de l'homme par l'homme, sans la guerre en un mot, qui de tout temps a déchiré et divisé l'humanité, et sans l'opression, l'esclavage et les castes, conséquences fatales de la guerre, les progrès de l'association et de la civilisation se seraient accomplis d'une façon plus rapide. Et, avec le triomphe de la justice, aurait disparu depuis longtemps l'horrible misère contre laquelle se débat douloureusement l'humanité.

Le progrès n'a pu être accompli que par le fouet, disent les partisans du darwinisme social. Sans doute on ne peut nier que le fouet oblige les bêtes de somme à marcher, à tirer de lourds fardeaux et à accomplir pour l'homme d'énormes services. Mais vouloir traiter l'homme comme une bête est une grossière erreur. La bête n'a pas de raison, elle ne peut se révolter, elle n'est pas une fin en soi, elle n'est qu'un moyen. L'homme par contre, quelque situation abjecte dans laquelle il soit plongé, garde son intelligence. Si on commet l'erreur de ne pas s'en faire un associé, si on attente à sa liberté, si on le mutile, il aura le sentiment de l'injustice avec laquelle il est traité, il sentira s'éveiller en lui l'esprit de haine et de révolte, il cherchera les moyens de se libérer et de se venger, et ces moyens il les trouvera tôt ou tard, grâce à l'esprit d'invention qui sait tirer parti des situations les plus misérables et à la puissance duquel on ne peut assigner de limite.

Sans doute de grands empires se sont élevés sous le fouet. Mais les admirateurs de ces civilisations inhumaines et tyranniques ne voient pas précisément que c'est l'injustice qui a été la cause de la décadence de tous ces empires. L'injustice qui était la base des sociétés antiques a été comme le ver rongeur qui a pourri et détruit les organismes sociaux en apparence les plus sains et les plus solides. C'est elle qui a empêché, au sein des diverses sociétés de l'antiquité, la naissance entre citoyens des liens de sympathie, d'amour et de confiance réciproques sans lesquels ne peut exister aucune société.

L'élément psychique, tout le monde le reconnaît maintenant, est un élément essentiel dans la formation des États : le vrai patriotisme n'a pu naître que de nos jours, qu'avec les progrès croissants de la fraternité qui poussait tous les individus à se considérer comme les membres d'une même famille. Mais cette sympathie n'est autre chose que le côté sentimental et subjectif de l'idée de justice.

Partout où il y a oppression, injustice, il y a haine ; l'amour ne se commande pas à coup de fouet comme cela se voit parfois dans des vaudevilles. La sympathie n'a donc pu naître dans les sociétés antiques. L'égalité civique des Romains et des Grecs, qui était déjà un grand pas vers la justice, ne s'appliquait qu'aux citoyens de la Grèce et de Rome : au-dessous des citoyens se trouvait une foule énorme de métèques et d'esclaves qui nourrissaient au fond de leur cœur une haine profonde contre leur oppresseur et ne cherchaient qu'une occasion à se venger de lui.

C'est pourquoi les bandits qui, après avoir semé partout le désordre et la guerre, tâchaient ensuite de rétablir l'ordre en tenant les vaincus sous le joug et en les faisant travailler de force, faisaient un mauvais calcul qui ne devait pas manquer de se retourner contre eux-mêmes. Ils créaient d'immenses empires, puissants en apparence ; mais ces colonnes étaient aux pieds d'argile et leurs débris ne devaient pas tarder à joncher le sol.

Comme le dit M. Bunge : «Carthage, Rome, « Byzance, la Pologne, et tant d'autres orgueilleux « empires ont été renversés dans la boue de l'his-

« toire pour avoir manqué de sentiments sympathi-
« ques : de là est venue leur chute plus que de la
« force de leurs ennemis ».

Ainsi les guerres et leurs conséquences, loin d'engendrer l'ordre et la civilisation comme le veulent
certains philosophes, n'ont fait en réalité qu'engendrer de perpétuels désordres. L'injustice, la raison
d'État, la morale des forts, l'esprit de principauté, la
volonté de puissance, le banditisme en un mot, et
quelque nom qu'on lui donne, n'a fait qu'ouvrir la
voie toute grande aux révoltes, aux révolutions, aux
dissenssions intérieures et aux attaques de l'extérieur.

Mais, malgré toutes les misères dont elle avait à
souffrir de la part de ses oppresseurs, l'humanité
voulait vivre. Aussi depuis l'antiquité la plus reculée
n'a-t-elle cessée de lutter contre le désordre, pour
l'association, pour la liberté et pour la justice. Lutte
grandiose qui est l'honneur de l'espèce humaine.
Lutte éternelle comme le mal qu'elle ne réussira
peut-être jamais à complètement terrasser.

Commencée aux aurores de la raison humaine elle
se poursuit encore sous nos yeux, aussi âpre, aussi
acharnée, aussi belle que par le passé; et, vision
consolante, chaque jour nous apporte une victoire de
l'idée sur la force brutale, de la civilisation sur la
barbarie.

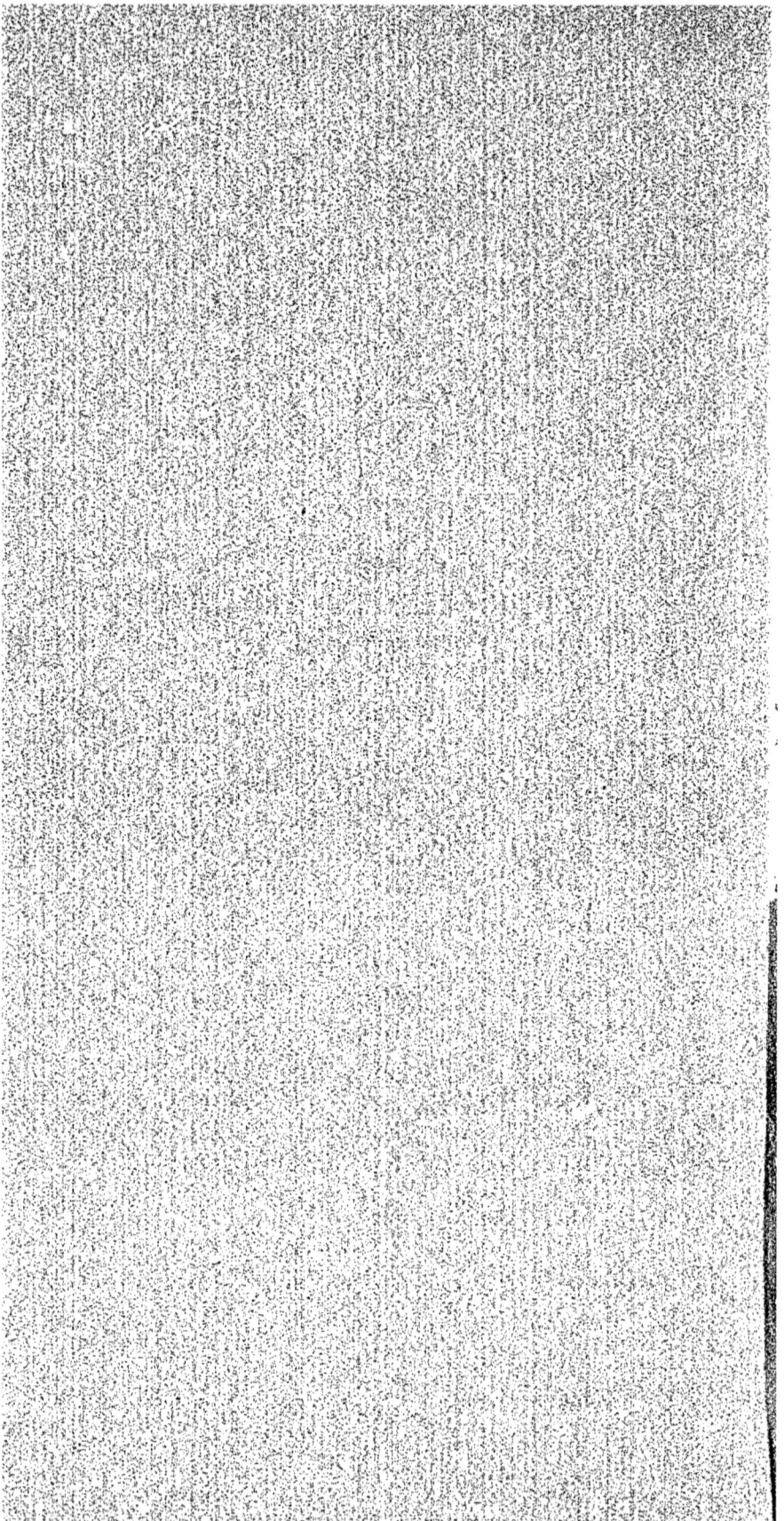

LIVRE II

Les Progrès de la Morale Internationale.

CHAPITRE PREMIER

L'Antiquité.

Regardons le passé... l'évolution de la morale internationale est certaine : attendons avec joie l'avenir.

Nous allons noter brièvement les changements qui se sont produits dans les mœurs des peuples, dans leur façon de se comporter vis-à-vis des étrangers et des ennemis ; nous mentionnerons les opinions des philosophes sur la guerre, sur la morale internationale, et les préceptes des religions qui sont, comme le dit si bien Tolstoï, le résumé des tendances morales d'une société ; nous suivrons enfin les coutumes et les théories juridiques dans leur lent acheminement vers l'arbitrage.

On calomnierait les primitifs en se les représentant comme des fauves affamés de chair humaine, guerroyant sans cesse pour s'en procurer. A l'origine des sociétés humaines, les clans étaient d'humeur plutôt pacifique et leurs guerres avaient un caractère juridique. Ces clans n'avaient à défendre que des territoires de cueillette, de pêche ou de chasse ; il n'y avait rien à piller. « Quand on fut devenu « pasteur ou agriculteur, ces mœurs s'altérèrent.

« Alors on entreprit des razzias pour voler les trou-
« peaux, les récoltes, les ustensiles, etc... la guerre
« perdit toute apparence juridique ; le vol en devint
« le but principal ; on se mit à tuer pour voler et la
« tuerie fut même volontiers poussée jusqu'à l'exter-
« mination, tant qu'un calcul d'intérêt bien entendu
« ne retint pas le bras du vainqueur, tant qu'on
« n'épargna pas l'adversaire terrassé pour en faire
« un esclave, c'est-à-dire à la fois un animal domes-
« tique, et une valeur d'échange ». (1)

Bientôt le sol lui-même fut convoité et, à mesure
que s'augmentaient les agglomérations humaines,
l'esprit de conquête se développa. Des aristocraties
se constituèrent ; des chefs de guerre devinrent
rois ; des castes ou classes sacerdotales se fondèrent ;
des monarques furent assimilés aux dieux. L'ambition, l'autoritarisme furent comme une cartouche de
dynamite qui fait sauter une digue : l'eau se précipite, achève de renverser les obstacles, et se répand
vivement sur toute la campagne. La guerre se géné-
ralisa au profit des chefs, refoula tout devant soi,
ouvrant pour un temps très long et sur un immense
espace l'ère des conquêtes. Une partie de la population subjuguée grossissait les armées et servait
par là-même d'instrument pour perpétrer de nouvelles conquêtes. Ainsi s'organisèrent les grandes
monarchies de l'antiquité : l'Egypte, l'Assyrie, la
Perse, la Grèce, le royaume d'Alexandre et de ses
successeurs, l'empire romain, la Chine, les empires
de l'Amérique centrale. Toute la portion plus ou
moins civilisée du genre humain a subi ce stade et a
dû se grouper ainsi en masses asservies, former des
royaumes parfois immenses où un souverain vénéré
comme une divinité pensait et agissait pour des millions de sujets, d'esclaves.

---

(1) Ch. Letourneau : *Le passé, l'avenir de la guerre*. Revue
mensuelle de l'Ecole d'Anthropologie, 1893 p. 271.

« Tous ces empires s'étaient fondés par la guerre, et guerriers ils restèrent, tous adoptèrent fièrement pour emblèmes des animaux de proie et tinrent à honneur de se comporter comme leur animal symbolique. De leur côté les poètes prirent au sérieux ces blasons farouches et chantèrent la gloire meurtrière des grands conquérants en les identifiant dans leurs métaphores avec des lions, des tigres, des loups, des aigles, etc... En même temps, toutes les religions polythéistes plaçaient dans leur panthéon des divinités spécialement préposées à la guerre ». (1)

Le petit-fils de Cham, Nemrod « homme farouche, dit Bossuet, devient par son humeur violente le premier des conquérants, et tel est l'origine des conquêtes ». Il chasse des plaines de Sennaar, Assur, le second fils de Sem et celui-ci fonde le royaume d'Assyrie et bâtit Ninive. La tour de Babylone s'élève fort haut, mais non pas autant que le souhaitait la vanité humaine.

Le genre humain s'instruit, les arts se répandent, les lois se formulent, les mœurs se policent. Mais le luxe amena la ruine de Babylone et de Ninive.

§ 1. — L'Orient.

La première législation qui nous est connue est celle des *Hébreux*. Faite pour un peuple dur, elle a cherché à lui inspirer l'horreur du sang et l'amour de l'humanité. Faite pour un peuple qui devait rester seul au milieu des nations, elle lui avait interdit les alliances étrangères. Aussi resta-t-il isolé malgré ses guerres perpétuelles avec les Philistins et les Amalécites, malgré le commerce immense de Salomon, malgré la captivité de Babylone.

Aux peuples qui transgressent leurs lois, qui vio-

(1) Ch. Letourneau, loc. cit. p. 272.

lent « un pacte qui devait durer éternellement »; la loi et les prophètes annoncent les pires malédictions :

« Ils sont consumés par un feu secret. Au milieu de cette affreuse combustion, les auteurs de tant de maux méconnaissent la main qui les fait mouvoir. Sans cesse occupés de carnages et de destructions, ils s'attribuent à eux-mêmes le succès de leurs criminelles entreprises. Ils s'applaudissent d'avoir, suivant leur caprice, changé les bornes des empires, pillé les trésors des peuples, chassé plusieurs souverains de leurs États. Ils s'enorgueillissent de ce qu'ils ont enlevé les richesses des nations, sans que personne se soit permis ni le plus petit mouvement, ni le moindre mot. Mais eux-mêmes ont été maudits d'avance par la justice céleste : ils ont porté des lois tyranniques ; ils ont jugé avec iniquité, pour enlever aux veuves, aux enfants même leur dernière ressource. Dieu a marqué le temps où il doit visiter les nations malheureuses, s'élever contre l'iniquité des impies, et faire taire leur orgueil ; où ceux qui inspireraient la terreur seront eux-mêmes obligés de fuir.

« Écoutez, cruels tyrans, le sort que Dieu vous prépare :... Je porterai contre vous un arrêt dicté par la plus sévère justice... Ce torrent de calamités qui inonde tout vous entraînera comme les autres. Quand vous aurez achevé de tout détruire vos complices vous détruiront eux-mêmes... A l'instant la verge de leur domination se brise. Ils connaissent la main du Tout-Puissant, eux qui sacrifiaient cruellement les peuples à leur fureur, qui voulaient s'assujettir toutes les nations. Hier encore ils bouleversaient le monde : aujourd'hui, ils ne sont plus. On les cherche, et on ne les trouve plus : ils sont comme s'ils n'avaient jamais été. Voilà où les ont conduits tant de pillages et de dévastations. Toute la terre applaudit à leur chute et goûte avec joie les douceurs de la paix » (1).

(1) Daniel et Isaïe.

Salomon posséda le goût des civilisations étrangères. David, au contraire, paraît n'avoir eu que peu de relations avec l'Egypte et moins encore avec l'Assyrie. Les Philistins seuls furent pour lui des maîtres et des éducateurs. David se montra juste pour les Chananéens. Il fit aux rancunes des Gabaonites de grandes concessions. Il eut des Hittites parmi ses officiers les plus en faveur. Il considérait indistinctement les hommes de diverses races comme ses sujets. L'armée de David eut pour origine une bande de pillards ; mais, dit Ernest Renan, « l'ordre a été créé dans le monde par le brigand devenu gendarme ». Une fois leur autorité reconnue sur une certaine surface de pays, ces brigands devenaient les protecteurs-nés de ceux qui travaillaient pour eux.

Après qu'il les eut domptés sans les conquérir, David traita les Philistins avec modération. Il leva chez eux un corps de mercenaires dont il fit ses gardes, les *Krési-Pléti* (Philistins originaires de Crète). Ceux-ci firent échouer les tentatives d'Absalon, de Séba le fils, de Bikri, d'Adoniah ; ce furent eux qui assurèrent le trône à Salomon. Ils firent d'Israël une nation.

Les Ammonites vaincus, les villes furent le siège de cruels massacres. Rien encore, constate Renan, ne désignait Israël pour une vocation spéciale de justice et de pitié.

Le règne de Salomon fut caractérisé par la paix. La justice rendue sous son règne est devenue proverbiale.

A la mort de Salomon le royaume se divise. Le prophétisme juif écrit clairement, 720 ans avant Jésus-Christ, la destinée humanitaire d'Israël.

L'Egypte régnait par ses consuls ; son influence s'étendait à toute la terre, ses lois se répandaient. La sagesse des Egyptiens rendit leur royaume heureux pendant seize siècles, sans troubler le repos de ses voisins. C'est ainsi, dit Antoine Ferrand, qu'il est permis à une nation sage de dominer sur toutes les autres. On a souvent tracé un magnifique tableau montrant que, dans ce pays, « tout était riant d'union, de paix et de bonheur ». Dès l'époque de la domination des Pharaons on trouve la trace de traités publics. On remarque très nettement chez les contractants le sentiment d'une obligation juridique en raison de la parole donnée (1).

L'une des causes de la chute d'un tel empire se découvre dans les conquêtes du roi Sésostris. Le peuple devenu conquérant, ne voulut plus jouir que de ses triomphes ; ses lois lui parurent une gêne ; de terribles révolutions en furent la conséquence.

Jusqu'à Cyrus les rois de *Perse* ne figurent point dans l'histoire comme guerriers ou comme conquérants. Mais ils y figurent par la bonté de leurs lois, par la stabilité de leur gouvernement, par la sagesse de leurs institutions. Peu importante, cette nation se trouva pour ainsi dire perdue au milieu des grandes conquêtes de Cyrus ; et elle prit promptement les usages et les vices asiatiques, qui amenèrent la ruine du peuple vainqueur après avoir causé celle des peuples vaincus.

L'administration de l'empire des Perses était réglée avec un ordre admirable. On y appliquait déjà le sage principe *Probis et paucis*. La prévarication y était sévèrement punie, la délation y était regardée comme le plus grand des crimes. Les villes y étaient sûres, l'agriculture était particulièrement honorée. Des moyens de correspondance faciles et prompts étaient établis dans tout l'Empire. Le commerce, les arts, les sciences, l'astronomie multipliaient dans les provinces les avantages de la nature. La Perse offrait

(1) A. Ferrand, *Esprit de l'Histoire*.

au génie du bien un tribut d'amour, au génie du mal un tribut de crainte. On conserva dans la société civile la forme de gouvernement qui avait réglé la famille, et dans la famille la subordination ; ce fut l'origine de la loi d'autorité paternelle. Cyrus donna l'un des premiers l'exemple du recours à l'arbitrage : au cours d'un différend avec le roi d'Assyrie il s'adressa à un prince de l'Inde pour la solution du débat. Du vivant de Darius, une contestation s'étant élevée entre Ariamène ou Artabazane et Xerxès, Darius la trancha en faveur de ce dernier. La mort de Darius empêcha la sentence de devenir définitive. On convint de s'en remettre à la décision d'Artapherme, oncle des deux prétendants, lequel, à son tour prononça une sentence favorable à Xerxès.

Après la défaite des Ioniens, Artapherme, satrape de Sardes, manda les députés des villes et leur fit contracter l'engagement, par traité, de recourir à la justice plutôt qu'à la voie des armes pour la solution de tout conflit.

La législation des *Phéniciens* comportait une surveillance des lois toujours exacte, toujours active, destinée à maintenir l'harmonie au milieu d'intérêts divers et importants, et au milieu de nombreux étrangers, graduellement admis au rang des citoyens. Elle réglait l'établissement, le nombre, l'administration des colonies phéniciennes, afin que ces colonies généralement riches restassent toujours dans une dépendance filiale de la mère-patrie, sans que cela nuisît au développement de leur puissance politique et sans que leur prospérité pût jamais s'accroître aux dépens de la métropole.

L'association des Phéniciens et de leurs colonies fut parfaitement combinée ; elle s'efforçait de respecter les peuples avec lesquels elle se trouvait en contact nécessaire, sans nuire à ses avantages et à ses progrès. Ainsi Tyr devint une ville célèbre, et la sagesse des Phéniciens assura les progrès de Carthage qu'ils fondèrent.

A *Carthage*, les suffètes n'avaient que le pouvoir civil : le pouvoir militaire était délégué à des généraux nommés pour chaque expédition. A la différence de Rome qui tendait à conquérir et voulait que ses magistrats mêmes fussent guerriers, Carthage aspirait plutôt à un commerce florissant et ne voulait pas que ses magistrats eussent un pouvoir dont ils puissent abuser. Mais la balance du pouvoir était dans la main du peuple qui en usa avec imprévoyance. Les grands succès que ses armées remportaient en Italie préparaient en Afrique la chute de l'Etat.

Cependant, malgré le triomphe de la guerre en Orient, quelques grandes âmes s'efforcent de montrer aux yeux de l'humanité à demi-clos encore le spectacle du monde, à la lueur de la raison, de la justice et du devoir... Des philosophes naissent et prêchent.

Depuis que l'association entre les hommes a pris naissance, un désir ardent de liberté, d'égalité, de sécurité, a toujours tourmenté l'humanité et amené le progrès de l'association. Et c'est probablement ce continuel désir de justice qui a donné aux hommes la conception qu'ils se faisaient de la vie et de l'au-delà. Poussés par le besoin irrésistible d'idéalisation qui les possède, ils ont fait de leurs règles éthiques les attributs de la puissance souveraine qui domine le monde, et c'est ainsi que les religions sont devenues les dépositaires de l'idéal moral de l'humanité et que leur évolution en reflète les progrès.

C'est sans doute pour cela que les religions ont tant contribué à développer les sentiments de sympathie entre les hommes, et à amener dans une large mesure les progrès de l'association et de la solidarité humaines.

« La communauté du culte est, pour les hommes, un lien plus fort que celui de la communauté de langage et même d'origine. Croire au même Dieu c'est sentir l'infini de la même façon, c'est se ressembler par les parties les plus nobles et les plus cachées de l'esprit ; c'est sympathiser au degré le plus élevé. Dès lors quelle que soit une religion, sa première fonction est d'affirmer et de garantir un système éthique ; et elle compte pour cela, comme base psychologique, sur la sympathie réciproque qu'elle engendre parmi ses adeptes » (1).

Cependant les premières religions étaient encore bien imparfaites. Comme l'éthique dont elles étaient l'expression idéalisée, elles étaient particulières aux divers groupements sociaux où elles avaient pris naissance ; et si elles servaient de lien aux membres de ces divers groupes sociaux, elles prêchaient parfois le mépris et la haine de l'étranger. Parfois même la religion se mettait au service de l'idéal de despotisme qui depuis l'époque quaternaire avait persisté chez certains hommes pendant des siècles et des siècles ; et, comme le brahmanisme, par exemple, elle maintenait la division en castes des individus d'un même groupe social et elle justifiait l'oppression de la race qualifiée d'impure par la race conquérante qui s'attribuait le privilège de la pureté et de la noblesse.

Le progrès des religions consistera donc pour elles à devenir toujours moins exclusives, à devenir universelles, à établir des liens de sympathie entre tous les membres de l'humanité quelle que soit leur situation sociale et leur origine.

Mais ce progrès surtout fut accompli par le bouddhisme et le christianisme, qui peuvent être considérés comme l'expression la plus parfaite de l'idéal de paix et de liberté qui de tout temps a tourmenté l'humanité.

---

(1) Bunge, *Le Droit c'est la force*, p. 301.

Le bouddhisme est une réaction radicale contre le brahmanisme, un essai grandiose pour substituer à l'idéal castocratique l'idéal égalitaire, et pour remplacer la lutte entre les hommes par un état de quiétude, de paix et de bonheur perpétuels. Parce que la lutte crée les castes et divise les hommes en forts et en faibles, ou en victorieux et en vaincus, parce qu'elle est une cause de désordre et de souffrances atroces pour la majorité de l'humanité, Bouddha rêva de supprimer totalement la lutte : « Il impose « le quiétisme, le Nirvana, la non-action, le non-être, « la perfection par la connaissance et la connaissance « par la contemplation ».

Pour Bouddha, comme plus tard pour le Christ, tous les hommes sont frères ; car ils ont la même essence et la même origine. « Tu es aussi cela », dit un héros de la légende Bouddhique en regardant un malheureux ; et cette sympathie va si loin qu'elle s'étend jusqu'aux animaux.

Il fallut des siècles et des siècles pour que de telles idées et de tels sentiments puissent trouver un écho dans l'âme des peuples des civilisations orientales.

« Six cents ans avant Jésus-Christ, Çakya-Mouni révèle déjà à l'Inde brahmanique une « loi de grâce ». Le bouddhisme fonde une admirable morale d'humanité, de fraternité, de douceur ; il semble qu'on entende déjà comme un prélude harmonieux du « sermon sur la montagne ». Dans la Chine, Confucius et Mencius enseignent que la perfection de l'âme est dans l'amour, que la suprême vertu consiste en une bienveillance universelle..... En Israël même, un moraliste, Hillet l'Ancien recommande aux Juifs d'être « de vrais disciples d'Aaron, aimant la paix, aimant les hommes ». Mais, avant lui, les prophètes avaient parlé. Isaïe lançait son anathème à tout ce qui garde et défend l'idole guerrière ; il avait des malédictions superbes contre toutes les injustices, les hypocrisies brutales ; « Dieu juge entre les peuples et décide entre les nations ; elles forgent les épées pour en faire des faucilles et leurs lances pour en faire des couteaux de vignerons. Le peuple ne lèvera plus son épée contre un peuple et il n'approuvera plus la guerre... La justice sera la ceinture de l'humanité et la fidélité son arme, et voici que le loup paît avec l'agneau... Ezéchiel présidait hardiment l'union des races, la justice et la morale souveraines, la paix universelle ». (1)

Il ne faut pas méconnaître parmi le chaos de ces peuples, les chocs quotidiens, les mœurs primitives et grossières, ce vœu ardent de tant d'intelligences géniales. « La Judée, comme tout l'Orient, dit M. Revon, fut dominée par l'image guerrière, image religieuse, universellement adorée parce qu'elle semblait divine ; mais sous cette loi de fer, les tendresses humaines se firent jour, et la paix apparut, malgré tout, obstinée et souriante, dénonçant le fait à l'idéal et enchantant l'âme des grands penseurs ».

Mais ces rêves étaient des rêves de philosophes et de prophètes ; aucune répercussion ne se fit sentir chez les hommes de loi, à l'exception des exemples d'arbitrage cités plus haut entre Xerxès et Artabagane, Cyrus et le roi d'Assyrie, et du vœu d'Artapherme. C'est bien le début, et c'est un début remarquable. Dans une civilisation vouée à la brutalité, à la force, où la guerre est non seulement une nécessité, une habitude, mais satisfait encore les aspirations élevées de l'âme, où le combat est divinisé ; dans un tel état de choses, des hommes songent à des procédés meilleurs et plus justes.

§ II. — La Grèce.

En *Grèce*, la guerre est un état permanent, mais cette guerre est plus humaine qu'en Orient ; elle est

---

(1) M. Revon, l'Arbitrage International.

plus régulière, elle est moins barbare. Pour nous,
elle peut même sembler poétique ; elle a été si bien
chantée ! Elle nous apparaît à travers une fiction,
celle d'Homère et de ses successeurs ; les dieux
accompagnant et secourant les combattants, favorisant tels ou tels, et les guerriers valoureux s'élevant
vers l'Olympe sur un char d'airain. Aucune époque
n'a su entourer ses guerres d'un appareil aussi pitto-
resque, aussi touchant ; la divinisation de la lutte
n'est plus uniquement morale à nos yeux ; la guerre
devient divine dans son essence, par le concours
efficace des vrais dieux, par le décor céleste. Hélas,
quelles ruines nous reste-t-il à contempler lorsque le
voile s'est déchiré, et que la vision fugitive nous
laisse seuls à seuls avec l'avidité des faits, la séche-
resse de l'histoire.

Chaque cité a ses dieux, chaque cité a ses mœurs ;
chacune a son droit, chacune a sa morale. De même
que la religion, la justice s'arrête aux frontières.
Un lacédémonien, Cléomène, déclare qu'il est très
équitable, aux regards des dieux et des hommes, de
faire tout le mal possible aux ennemis. Phébidas
s'empare en pleine paix d'une citadelle ennemie ;
on demande à Agésilas son avis sur cette belle
action : « Examinez seulement si elle est utile ; car
« dès qu'une action est utile à la patrie, il est beau
« de la faire ». (1) Lysandre est resté célèbre par
ses boutades cyniques : « Celui qui est le plus fort
avec cet argument là, dit-il en montrant son épée,
raisonne mieux que tous les autres sur les limites
des territoires ». Darius avait envoyé des ambassa-
deurs aux cités grecques, après la prise de Sardes
par les Athéniens, pour leur demander un hommage
de vassalité : Athènes précipite le héraut au milieu
du Barathon ; Thèbes se soumet ; Sparte jette le

(1) Plutarque, Agésilas

messager dans un puits. C'étaient là les mœurs
courantes.

Et cependant, il y a, comme nous l'avons dit,
moins d'horreur dans la guerre des Grecs que dans
celle des Orientaux. Il y avait d'abord une déclaration de guerre presque obligatoire. Les Grecs
considéraient en général comme contraire au droit
le fait d'engager la guerre sans avoir essayé des
explications pacifiques. Si la réparation leur était
refusée, une fois la guerre résolue, c'était un principe de droit public que la déclaration précédât les
hostilités.

Malgré l'acharnement que les Grecs ont déployé
dans la guerre, le cas où l'ennemi n'envoyait ou ne
recevait pas de hérauts se présente assez rarement.
Mais cependant du temps de Polybe, les Grecs se
dispensaient fréquemment d'une telle formalité. Cet
historien voyait dans la pratique relâchée de son
pays un abandon des traditions anciennes et disait
que la formalité de la déclaration de guerre n'était
plus rigoureusement observée que chez les Romains (1).

Ce qu'il peut y avoir de plus regrettable, c'est
l'accord de philosophes remarquables pour traiter
légèrement la question de la fraternité humaine.
Aristote considère les barbares comme des prédes-
tinés de l'esclavage, et regarde la guerre comme un
simple mode d'acquisition, une variété spéciale de
la chasse.

« Aussi la guerre est-elle encore en quelque sorte
un moyen naturel d'acquérir, puisqu'elle comprend
cette chasse que l'on doit donner aux bêtes fauves et
aux hommes qui, nés pour obéir, refusent de se
soumettre; c'est une guerre que la nature a faite
elle-même légitime. » (2)

---

(1) G. Bruyas, *De la déclaration de guerre*, 1899.
(2) *Politique*, I, 3.

Ce mépris d'une certaine catégorie d'hommes et de races persiste dans tout l'ouvrage d'Aristote. Cela ne l'empêche d'ailleurs pas de nier le droit de conquête et le despotisme, ni de considérer la guerre illégitime et la paix seule désirable finalement.

« Il suffit de quelques instants de réflexion pour trouver bien étrange qu'un homme d'État puisse jamais méditer la conquête et la domination des peuples voisins... Comment l'homme politique, le législateur devraient-ils s'occuper d'un but qui n'est pas même légitime ? C'est renverser toutes les lois que de chercher la puissance par tous les moyens non pas seulement de justice mais d'iniquité. Tout despotisme est illégitime, excepté quand le maître et le sujet le sont l'un et l'autre de droit naturel. » (1)

« Si l'on s'exerce aux combats, c'est pour n'être point subjugué soi-même..., enfin pour ne commander en maître qu'à des hommes destinés à obéir en esclaves. Le législateur doit surtout faire en sorte que ses lois sur la guerre n'aient en vue que la paix » et plus loin : « Car je le répète, la paix est le but de la guerre. » (2)

Ainsi se mélange chez Aristote un certain sens de l'iniquité de la guerre et une ignorance complète des droits des individus, une bonne morale internationale et une forte immoralité sociale.

Platon isole sa république modèle de peur qu'elle ne soit corrompue par les peuples du dehors (3). Lui et Socrate reconnaissent l'utilité et la nécessité des esclaves, et par conséquent de la guerre qui fait les esclaves; ils n'arrivent pas à la vraie notion de liberté, d'égalité et de solidarité entre les hommes.

Cependant, les idées pacifiques font leur chemin.

---

(1) *Politique*, IV, 2.
(2) *Politique*, IV, 13.
(3) *Lois*, XII.

Même parmi ces grands philosophes on retrouve les traces du vif désir d'obéir à un droit meilleur ; nous l'avons vu pour Aristote. Homère appelle avec ardeur la fin des querelles entre les dieux et les hommes ; Socrate se plaît à se croire citoyen du monde ; Démocrite, Diogène, Théodore prétendent que la patrie de l'homme est l'univers entier ; Cratès parle d'une cité où l'on ne prend jamais les armes, ni par avarice, ni par ambition.

Sophocle, dans un chœur d'*Œdipe-Roi*, fait dire au peuple : « Mets en fuite ce dieu funeste, ce Mars cruel... O Jupiter, toi qui disposes de la foudre étincelante, écrase-le sous ton tonnerre ».

Plus pratique, Xénophon (1) démontre combien la guerre est déplorable et la paix souhaitable : « La paix ! Une pareille institution nous ferait aimer davantage, et des hommes de tous pays viendraient en foule parmi nous. Ce serait une erreur de s'imaginer qu'une paix perpétuelle diminuât la puissance, la célébrité, l'illustration que nous avons méritées dans toute la Grèce... » Il conseille ensuite aux Athéniens de ne jamais commettre d'injustice, même s'ils sont sûrs de leur force. Ainsi, ils pourront résister à leurs ennemis, abandonnés eux-mêmes, dans leur agressive injustice, par tout allié.

Phalaneus rêve d'une Confédération Ionienne.

Thucydide paraît un ardent défenseur de l'idée de l'arbitrage ; « Il est impossible d'attaquer comme un ennemi celui qui s'offre à répondre devant un Tribunal d'arbitre ». (2) Isocrate manifeste également son admiration pour de tels procédés.

Mais si les citoyens conçoivent une justice s'étendant plus loin que leurs propres frontières, ils ne l'admettent que sur le terrain de la race hellène. L'étranger véritable est toujours hors de la loi.

(1) *Les revenus de l'Attique.*
(2) Thucydide, I, 85.

En somme le droit des gens grec s'est localisé à la Grèce dont les diverses cités étaient unies par des institutions communes. La plus remarquable était celle des *Amphictions*, conseils élus par des tribus qui s'étaient réunies pour bâtir un temple en commun ; ces conseils avaient pour mission de siéger à côté du temple et de veiller à tout ce qui intéressait le culte et la prospérité matérielle de l'institution. On a, cependant, souvent exagéré l'importance des conseils d'Amphictions au point de voir en eux un véritable pouvoir fédératif qu'on a appelé les États fédéraux des Hellènes (1). Le fait est que les Amphictions n'avaient pas tardé à sortir de leur rôle purement religieux ; on put voir leur conseil prendre des décisions d'ordre politique, et, par exemple, organiser la résistance contre un ennemi commun, ou se constituer en tribunal suprême pour résoudre les conflits internationaux (2).

Il y a donc bien un progrès moral sensible dans les rapports extérieurs des cités Grecques : le respect plus général des envoyés, la déclaration de guerre, un recours théorique à l'arbitrage, l'institution de tribunaux fédéraux. Ce n'est encore que peu de chose :

« Le nombre des arrêts est grand, leur importance médiocre : C'est que le droit écrasé sous le poids d'une religion implacable et dure, ne pouvait prendre un libre essor... Pourtant quelques hommes de droit faisaient effort pour se dégager et sortir de cette lourde enceinte. Les poètes, les juristes, les philosophes osaient rêver la justice, la liberté, la paix... Les vrais précurseurs de l'arbitrage moderne, ce sont les grecs (3) ».

---

(1) Mérignhac, *Droit International Public.*
(2) Piédelièvre, *Droit International Public*, T. I.
(3) M. Revon, Op. cit.

§ III. — *Rome.*

L'orgueil national qui avait arrêté en Grèce le développement de l'arbitrage, dit M. Revon, va l'en-
traver aussi à Rome. Là, nulle idée de l'égalité qui
peut exister entre les peuples, par suite point de
véritable droit des gens. La tendance guerrière du
peuple romain nous apparaît d'une force irrésistible.
Il semble que cette race soit faite pour dominer ;
elle est ambitieuse, énergique, forte, tenace ; rien ne
saura l'éloigner de son but. Tous les événements de
son histoire prouvent amplement ceci, sans qu'il
soit nécessaire d'insister.

Rome, faible encore, ne considéra le droit que
comme une gêne, et, puissante, elle s'en servit ; mais
peut-être du sien uniquement, et à son profit.
« Désormais, la politique des romains eut pour guide
exclusif l'intérêt : invoquant la lettre des traités,
ou plus simplement la toute-puissance de sa volonté,
la République démembre les empires et fait la
guerre, soit pour enrichir le trésor, soit pour satisfaire l'ambition des hommes qui savent la dominer.
La majesté du peuple romain n'a plus conscience
d'être liée par quelque obligation juridique envers
les autres peuples, les règles du droit des gens
qu'elle pratiquait au début, disparaissent progressivement, pour faire place aux décisions impératives
de son Gouvernement. » (1)

Animés de tels sentiments, les Romains prati-
quèrent évidemment une politique peu morale
vis-à-vis des étrangers. Pour arriver à la conquête
du monde, tous les moyens leur parurent bons. Les
traités de paix, d'alliance, les témoignages d'amitié
étaient douteux ou louches. « Comme ils ne faisaient
jamais la paix de bonne foi, et que dans le dessein
d'envahir tout, leurs traités n'étaient proprement

---

(1) Piédelièvre, Op. cit.

que des suspensions de guerre, ils y mettaient des
conditions qui commençaient toujours la ruine de
l'État qui les acceptait..... Ces coutumes des Romains
n'étaient point quelques faits particuliers arrivés
par hasard : c'étaient des principes toujours cons-
tants.,,,, Mais surtout leur maxime constante fut de
diviser..... Quelquefois ils abusaient des termes de
leur langue. Ils détruisirent Carthage, disant qu'ils
avaient promis de conserver la Cité, et non pas la
Ville,.,,. Ils pouvaient même donner à un traité une
interprétation arbitraire. Ainsi, lorsqu'ils voulurent
abaisser les Rhodiens, ils dirent qu'ils ne leur
avaient pas donné la Lycie comme présent, mais
comme amie et alliée » (1).

Il suffit de citer ces exemples pour voir que
Rome, décidément, n'entendait pas considérer la
morale dans ses rapports avec l'étranger.

Cependant quelques coutumes, inspirées par la
religion et une certaine notion de l'honneur, de celui
que donne la force, maintenaient chez ce peuple
l'usage d'une déclaration de guerre solennelle, après
des tentatives de conciliation. « Sont ennemis, dit
Ulpien, ceux à qui le peuple romain a décrété publiquement la guerre ou qui l'ont déclarée eux-mêmes
au peuple romain. Les autres sont des brigands ou
des pirates » (2).

Une institution très importante et très intéressante est celle des *fétiaux*. D'après Daremberg et
Saglio (3) cette institution aurait été florissante chez
les autres nations italiques et les Romains n'auraient
fait que l'adapter à leurs mœurs. Les fétiaux sont,
comme les amphictions de Grèce, un collège de
prêtres chargés de conserver une coutume sacrée.

(1) Montesquieu, *Grandeur et Décadence des Romains*,
Chapitre VI.
(2) Digeste : *De verborum signif*, liv. I., T. XVI.
(3) *Dictionnaire des Antiquités*, V° Fétiaux, p. 1096.

En l'occasion ce n'est plus un temple, ce sont les formalités relatives à la déclaration de la guerre ou à la conclusion de traités, que l'ordre a mission de conserver. Une telle intervention ne pouvait avoir d'autre résultat, aux yeux des Romains, que d'assurer tout le monde de la noblesse, de la justice, de la divinité même de leurs actes. Dès lors, les jurisconsultes romains n'emploient plus que l'épithète *juste* pour désigner les guerres et les traités de Rome. Mais ce n'est pas là une illusion ; et le mot *justus* ne veut-il pas plutôt dire *légitime*, légal, et non *conforme à la justice*. Car enfin ce n'étaient pas les fétiaux mais bien le Sénat, et plus tard l'Empereur, qui décidaient en dernier ressort, de la *justice* de la guerre. Et, sous les empereurs, les rites du droit fétial eux-mêmes étaient accomplis directement par le premier prince. « Sous l'empire, la déclaration de guerre est devenue une parodie de l'ancienne *belli indictio* ». On raconte que Rome avait obligé un soldat étranger, un déserteur, à acheter un terrain dans la cité, et sur le terrain devenu fictivement sol ennemi, les Fétiaux accomplissaient le simulacre de la déclaration de guerre en lançant un javelot contre une colonne.

Suprême ironie, ou profonde immoralité. Le peuple romain qui n'a même plus pour excuse la nécessité de dépenser son énergie interne, ce peuple qui règne sur un quart de globe terrestre, ne rougit même pas d'employer de tels subterfuges et de telles hypocrisies pour piétiner un ennemi déjà terrassé, pour satisfaire simplement une cupidité insatiable, un luxe dépravé.

L'institution des Fétiaux dure jusqu'au ive siècle, cependant Ammien en parle vers 36o.

L'arbitrage apparaît donc souvent dans l'histoire de Rome. Nous ne pouvons pas nous en contenter, malheureusement, pour apprécier la moralité des Romains dans leurs relations extérieures, les faits

nous montrant trop souvent que ces précautions préa-
lables, ces essais de conciliation, ces alliances, ces
traités mêmes n'étaient qu'une hypocrisie plus ou
moins cachée, plus ou moins tardive, plus ou moins
profonde.

Le peuple romain ne nous laisse qu'un espoir. Son
étude raisonnable, logique, attentive, et claire du
droit civil et privé a donné des résultats importants
et certains ; et c'est toujours ouvrir une voie à l'arbitrage que de développer, ne fût-ce qu'à l'intérieur,
l'idée de droit, de l'imposer, de la faire respecter,
ou de la faire comprendre.

Dans une remarquable conférence faite par lui à
Stockholm en 1910, M. le Professeur Angelo de Gu-
bernatis prétendit que la Rome antique n'avait pas
seulement une histoire belliqueuse ; que de nombreux
faits d'ordre pacifique pourraient être relevés. Malheureusement, on ne s'est pas beaucoup attaché
jusqu'ici à cette fraction de l'histoire. L'Exposition
de la Paix organisée en 1911 dans le Château Saint-
Ange à Rome, tend à démontrer la justesse de cette
affirmation et à nous révéler un sens à peu près
ignoré du caractère romain.

Si l'Empire romain n'avait pas voulu être juste,
du moins avait-il quelquefois tenté de justifier la
force, du moins avait-il invoqué le principe moral
de la *bona fides*, avait-il exprimé dans les traités
l'obligation de s'abstenir de tout dol, (1) avait-il reconnu que les traités devaient être interprétés et
exécutés conformément à la bonne foi. (2) Du moins
était-il parvenu, par son étendue propre, à maintenir
une unité pacifique sur une grande partie du monde.

Après avoir envahi, pillé et ravagé le monde civilisé, les descendants des bandits du Latium rele-
vèrent un peu les ruines qu'ils avaient entassées, par

(1) Tite Live, I, 24.
(2) Cicéron, *De Officiis*, III, 29.

le maintien de la paix au sein des pays qu'ils avaient conquis et par l'instauration du droit. Ce droit ne s'apppliquait qu'aux citoyens de Rome ; mais le droit de cité romaine était facilement accordé aux peuples qui se distinguaient par leur soumission et par la docilité avec laquelle ils payaient leurs tributs. C'est ainsi que s'établit cette paix romaine qui donna au monde méditerranéen plusieurs siècles de prospérité.

Mais ces concessions juridiques n'étaient pas suffisantes pour les peuples opprimés. A mesure que les vainqueurs dégénéraient par suite de l'abus du luxe, du plaisir et du pouvoir; à mesure que leur volonté devint plus capricieuse et tyrannique, les peuples vaincus ressentirent plus profondément l'injure qui leur était faite par leur maintien sous le joug. Et leur souffrance les disposa à accepter avec enthousiasme une doctrine d'égalité et de justice comme celle du Christ.

Les civilisations anciennes, nous l'avons dit, n'ont pu s'édifier sans un minimum de justice, de liberté et d'égalité pour les citoyens qui composaient la classe dirigeante, et sans un minimum de respect pour la vie des esclaves. Mais ces civilisations étaient essentiellement basées sur l'inégalité, — non sur cette inégalité naturelle qui fait que dans toute société les hommes se distinguent d'après leurs talents et d'après leurs aptitudes, — mais sur une inégalité artificielle qui est le produit de la violence.

Et même parmi les écrivains purement latins on ne rencontre pas beaucoup d'hommes qui soient étonnés de tels procédés, d'un culte semblable rendu à l'avidité et à la brutalité, qui se soient préoccupés d'une loi morale, noble, et digne d'intérêt. S'il en fut de nombreux plus tard, alors que Rome n'avait plus rien à craindre de ses voisins parce qu'elle les avait réduits en esclavage et qu'elle était au comble de sa puissance, c'est qu'ils avaient le temps de chercher plus loin que la satisfaction immédiate d'un orgueil mesquin ou d'un appétit grossier; s'il en fut, de ces poètes, de ces philosophes, c'est qu'ils avaient été puiser dans la civilisation grecque des notions plus larges de morale idéale. Ovide dit : « La terre tout entière est une patrie pour l'homme de cœur, comme la mer pour le poisson, comme pour l'oiseau la vaste étendue du ciel » (1) mais ce n'est peut-être là qu'une imitation d'Euripide (2).

Avant l'apparition et le triomphe des idées chrétiennes, les Stoïciens sont peut-être, de tous les philosophes, ceux qui conçoivent le plus clairement l'idéal de solidarité humaine.

Philon d'Alexandrie, les Diatribes cyniques et stoïques annoncent la paix perpétuelle, en font des tableaux saisissants tandis que d'autres stoïciens rêvent d'une confédération générale des États de la terre.

Cicéron méprise la guerre : « Des deux moyens à la disposition de l'homme pour terminer un différend : la force ou la raison, le premier est celui des bêtes et ne doit être employé que si la raison dans les essais de conciliation s'est montrée vraiment impuissante ». (3)

Épictète, Cicéron, Sénèque et Marc-Aurèle proclament déjà que tous les hommes ont un droit égal à la vie, à la vie libre, sans mutilation, sans entraves. « Une même loi, dit Cicéron, nous unit : la loi de la nature... Supprimez cette loi providentielle et vous aurez détruit jusque dans leurs racines la bienveillance, la libéralité, la justice, et la charité ». (4) Et Térence dit : *Homo sum, humani nihil alienum puto.*

(1) *Fastes*, I.
(2) Distique cité par Stobée, *Serm.* 38.
(3) *De Officiis*, I, a.
(4) *De Officiis*, I, a.

Plus tard, Ulpien déclare que « de par droit de nature tous les hommes naissent libres. »

Ils comprennent déjà que l'esclavage est une injustice et une honte pour l'espèce humaine ; mais il leur manque la flamme de charité qui fera le triomphe des idées chrétiennes. Leur philosophie n'en reflète pas moins les progrès que l'idée morale avait faite dans le monde antique.

« La croyance à l'arrivée d'un messie ressuscité qui allait faire régner la paix et le bonheur et qui serait un être merveilleux de justice, dit Darmesteter (1), eut un effet des plus puissants sur l'esprit des romains. C'est précisément parce que le Christianisme apportait une espérance de justice dont étaient altérés les sujets des Césars, qu'il triompha des religions rivales ».

Aucune religion, sans excepter le bouddhisme, ne contribua autant que la religion chrétienne à montrer aux hommes le lien de solidarité qui les unit avec l'humanité tout entière et à éveiller en leur âme l'instinct de la sympathie universelle.

« Il n'y a plus d'esclaves ni d'homme libre, de Grec ni de Juif, d'homme ni de femme, puisque vous êtes tous un en Jésus-Christ », écrit énergiquement Saint-Paul. (2).

« Devant Dieu, dit Lactance, il n'y a ni esclave ni maître puisqu'il est votre père commun : tous, nous sommes libres. Devant Dieu il n'y a pas de plus pauvre que celui qui manque de justice, ni de plus riche que celui qui l'est en vertus ».

Et pour réaliser cette union de tous les membres de la famille humaine le Christ fut le premier à voir clairement que le seul moyen efficace était la justice,

---

(1) *Les Prophètes d'Israël*, p. 171.
(2) *Epître aux Galates*, 28.

la charité et l'amour. « Aimez-vous les uns les autres », tel fut son précepte favori. Et ce qui a donné à son enseignement un pouvoir de suggestion inouï, qui se perpétue encore à travers les âges, c'est qu'il prêcha lui-même d'exemple ; c'est que, par amour de l'humanité, pour racheter tous les hommes, il fit sur le gibet d'infamie le sacrifice total et douloureux de sa propre vie.

Comme on l'a souvent remarqué, le Christ, par son enseignement, opéra une véritable transmutation des valeurs morales. Jusqu'à lui on avait honoré, adulé, glorifié la richesse, les honneurs, le pouvoir ; lui, par contre, attribua une immense valeur à l'humilité.

En enseignant aux pauvres et aux esclaves qu'ils sont devant Dieu les égaux de leurs maîtres et des puissants, il les relève à leurs propres yeux et leur donne une orgueilleuse humilité, qui leur inspirera avec le temps le courage de renverser l'ordre établi, de briser la chaîne fatale qui les entravait depuis des siècles.

C'est en vain que le Christ avait dit : « Rendez à César ce qui appartient à César, mon royaume n'est pas de ce monde » ; c'est en vain qu'il avait dit : « Mais moi je vous dis : Ne résistez pas au mal. Mais si quelqu'un te frappe à la joue droite, présente lui aussi l'autre. Et si quelqu'un veut plaider contre toi, t'ôter ta robe, laisse-lui encore le manteau ». Mais il n'en avait pas moins apporté au monde une immense espérance ; il n'en avait pas moins donné à l'humanité souffrante la foi que le vieil ordre de choses serait un jour ébranlé et remplacé par un état nouveau où triompherait la justice et la fraternité universelles.

La conquête du monde ancien par les latins, la diffusion d'une seule civilisation et d'une même langue sur tous les pays méditerranéens facilitaient l'expansion de cette doctrine. Sans les persécutions dont ses croyants furent l'objet, elle se serait répandue encore plus vite et l'union des peuples civilisés, cimentée par l'amour, serait devenue un fait accompli aux premiers jours de l'ère chrétienne.

Malheureusement l'esprit de domination et d'oppression, qui de tout temps anima les gouvernants, faisait bonne garde. Lorsque les empereurs s'aperçurent des progrès que faisait la doctrine de charité, de justice et d'amour, ils ne songèrent qu'à leurs intérêts menacés et non à ceux de la masse. Au nom de la raison d'État, eux qui, avec un esprit d'hospitalité et de justice dont l'histoire les loue à bon droit, avaient toléré à Rome l'introduction de toutes les sectes et de tous les cultes des peuples qu'ils avaient conquis, se mirent à persécuter la religion nouvelle et à torturer ses sectateurs. Mais le désir de la justice était trop grand dans le cœur des hommes. L'espérance d'une vie meilleure les avait ébranlés d'un frisson trop sublime. Les tortures ne faisaient que fortifier leur foi. Celle-ci devint tellement communicative qu'elle finit par gagner aussi les oppresseurs et les bourreaux. Admirable exemple du triomphe de l'idée sur la force brutale.

Mais les sociétés ne sont pas injustes impunément. L'exemple de la violence suscita, lui aussi, des imitateurs.

Et c'est ainsi que, plus tard, on verra la religion d'amour, une fois triomphante, prendre à son service le bras de la force et traiter ses ennemis avec la même injustice et la même brutalité que celle dont elle avait souffert elle-même.

Jusqu'au christianisme l'homme n'avait eu à endurer que les guerres de rapine. Maintenant un nouveau fléau allait s'ajouter à l'autre et l'homme allait connaître toutes les horreurs des guerres de religion. La religion qui, si elle était restée conforme à son principe, devait toujours mieux unir les hommes, allait être leur suprême cause de division.

CHAPITRE II

Le Moyen-Age

Au ive siècle de notre ère, le monde méditerranéen subjugué par les Romains était arrivé à l'unité. Cette unité, comme nous avons essayé de le démontrer, était chancelante et précaire ; car elle n'était pas basée sur le droit des nationalités mais sur la soumission de tous les peuples aux mêmes maîtres. Telle qu'elle était cependant elle marquait un notable progrès sur l'état de division et de guerre perpétuelle qui avait été la plaie des empires dans l'antiquité. Si les empereurs romains eussent traité les peuples réunis sous leur sceptre avec plus de justice, s'ils avaient su tenir compte des aspirations morales de chacun d'eux, s'ils leur avaient donné, en religion la liberté de conscience, et en politique le « self-government », s'ils avaient accordé à tous les habitants de l'empire le droit de cité romaine, s'ils avaient éveillé entre tous les membres de ce grand corps les sentiments de sympathie réciproque, s'ils avaient aidé à la formation d'un patriotisme romain universel, la civilisation latine eût fait des progrès invincibles et rien n'aurait pu en amener la décadence.

Malheureusement plusieurs obstacles s'opposaient à la formation de ce patriotisme latin qui aurait fait battre à l'unisson tous les cœurs, des ultimes confins de la Gaule aux rives de l'Euphrate.

§ 1. — *L'Invasion Barbare.*

C'étaient d'abord, nous l'avons vu, les persécutions dont les premiers chrétiens furent l'objet, et l'impossibilité pour les maîtres du monde de concevoir l'iniquité de l'esclavage, de l'asservissement total d'un peuple par un autre, qui devaient semer dans l'empire les plus néfastes ferments de haine.

Puis, l'universalité même du vaste empire romain et la multiplicité des races qu'il contenait était un obstacle presque insurmontable à l'assimilation des vaincus. Il aurait fallu à Hadrien, avec la compréhension du respect qu'il devait à chacun des peuples soumis à sa loi, le télégraphe, le téléphone, les chemins de fer, l'imprimerie pour assurer la cohésion et la solidarité toujours croissante de son immense empire. Sans la stricte application de la loi de justice et sans le progrès de la technique qui donnent aux hommes une conscience plus nette de la solidarité qui les unit, la constitution d'une domination universelle comme le fut le monde romain était un rêve extraordinaire que la moindre brise pouvait dissiper.

Les plus puissants empires sont appelés un jour à crouler. Et souvent ils sont remplacés par des barbares, des peuples brouillons, brutaux, avides. Il en fut ainsi de la civilisation romaine.

Tout d'un coup le vent souffle de l'Orient, il souffle du Nord, les feuilles murmurent, les branches craquent, le tronc ébranlé se balance jusqu'à ce qu'un dernier ouragan arrache de terre la racine.....

Et en effet, 20.000 Barbares environ, venus des forêts de la Germanie où ils auraient eu assez de terres à labourer, mais où ils n'avaient rien à piller, suffirent à porter un coup mortel au corps gigantesque.

Poussé par un chauvinisme excessif, les historiens de l'Allemagne actuelle déclarent avec le plus grand

sérieux que l'invasion des Ostrogoths et des Wisi-
goths, des Vandales et des Francs avait été un bienfait pour l'humanité, car elle avait donné de l'air à
un monde qui tombait en décomposition.

En vérité, ces invasions des barbares ont détruit
une civilisation florissante, ont replongé pour plusieurs siècles l'humanité dans les ténèbres.

Par elles l'unité du monde romain est rompue,
et c'en est fait pour plusieurs siècles de la paix
romaine.

Le développement du droit, de la morale, des
lettres et des arts subit un long arrêt. Au régime
de la loi, les vainqueurs substituent le droit de la
poigne (le Faustrecht, comme l'appellent les juristes
allemands). Sans pitié ils massacrent leurs vaincus
et sans scrupule ils pillent et anéantissent les richesses que les Romains avaient entassées dans tous les
pays. Quand ils sont fatigués de tuer, de saccager et
de détruire ils se partagent les territoires qu'ils ont
envahis, ils obligent les vaincus à travailler pour eux,
rétablissent l'esclavage en faisant des anciens posses-
seurs du sol des manants, des vilains et des serfs ;
ils établissent sur tout le monde ancien le régime de
fer, de feu et de sang de la féodalité.

A l'unique souveraineté de l'empereur se substituent des milliers de petits souverains, jaloux les uns
des autres, querelleurs, batailleurs, qui se perchent
dans des châteaux-forts comme des aigles dans leur
aire pour fondre, au moment opportun, sur le territoire du voisin et lui enlever un riche butin.

Le mot même de : *Invasion barbare* suffit à
montrer que le droit, que la justice ne sont pas
supposés, même par les génies de ces races.

Et, chose bizarre, ce chaos prend place à une
époque où l'on pouvait espérer la croissance du sentiment d'humanité, un peu d'ordre et un peu d'amour,
après des crises religieuses qui n'avaient fait que
donner une impulsion nouvelle au sentiment moral.

Peut-être ce dernier n'était-il pas tout à fait compris et n'était-il pas entré dans les mœurs... Mais il veillait toujours. C'est son souffle qui maintint en haleine les hommes d'ordre.

Le rêve de solidarité universelle qui animait la religion catholique n'était heureusement pas éteint. Au nom de la force morale le Pape, représentant de Dieu sur la terre, se chargea de mettre un frein à ce déchaînement de la bête chez les puissants de l'heure. La volonté de sortir du chaos qu'ils avaient substitué à l'ordre, le souvenir de la belle unité de l'empire romain qui hantait toujours et éblouissait encore les esprits, le désir de fonder à leur tour un empire durable et universel, disposa les meilleurs et les mieux doués d'entre les barbares à accepter avidemment la doctrine chrétienne de solidarité et de paix.

§ II. — *Charlemagne.*

Charlemagne fut le barbare de génie qui tenta par un colossal effort de substituer l'ordre et l'unité à l'anarchie produite par les invasions, et aussi de rétablir le courant interrompu de la civilisation. Plus qu'un conquérant, ce fut un pacificateur et un éducateur ; et voilà pourquoi sa gloire est plus pure que celle de tous les empereurs qui ont rempli le monde du fracas de leurs victoires.

Charlemagne, le premier, caractérise un réveil d'unité chez des peuples endormis par la peur, par la douleur. En France, sous Charles Martel, la première des guerres nationales avait été la première des guerres saintes. Peu à peu même, l'intérêt politique s'effaçait devant leur caractère religieux. Ce duel entre deux peuples, deux races, n'était qu'un duel entre deux religions. (1) Ces guerres préparent, après l'internationalisme despotique des

---

(1) cf. Imbart de la Tour, dans *La France Chrétienne.*

Romains, l'internationalisme du Moyen-Age : la Chrétienté. Quand Charlemagne succéda à son père, l'invasion qui troublait et bouleversait l'Europe depuis quatre siècles menaçait de reparaître ; et si personne ne l'arrêtait, l'édifice franc fondé par les Mérovingiens pouvait s'écrouler, emportant avec lui les derniers vestiges de la civilisation. Charlemagne apaisa l'ouragan.

Ce ne fut point assez pour lui de fonder et de soutenir un empire immense, de faire l'union des consciences dans une même religion ; il fit encore régner parmi ces vaincus de races diverses, l'ordre, la justice et l'humanité, et il s'éprit de la civilisation qui, à cette époque, était le christianisme. Charlemagne peut donc paraître un guerrier qui lutte pour améliorer et qui ne frappe que pour semer les germes de la civilisation. Il fit des lois et des capitulaires ; mais il ne promulguait des lois qu'après s'être renseigné sur les coutumes de chacun de ses peuples. Une des institutions remarquables de ce prince puissant fut celle des *Missi Dominici*. Elle montre que l'amour de la justice d'une part, et l'amour des principes de l'Evangile d'autre part, dominaient vraiment l'esprit de Charlemagne. (1).

« Que les Missi, dit le Capitaine d'Aix la Chapelle, s'attachent à découvrir par eux-mêmes celui qui se plaint d'une injustice. S'ils veulent nous montrer la fidélité qu'ils nous ont promise, qu'ils fassent toujours triompher la justice et la loi..... pour tout le peuple. » D'ailleurs, les Missi temporaires avaient déjà existé sous les Mérovingiens.

Charlemagne est une étoile dans un ciel sombre encore et nuageux, parce qu'il a voulu, plutôt que posséder un domaine étendu, instituer un empire où les peuples fussent frères et réunis sous l'autorité bienveillante et féconde d'un chef adoré.

_____

(1) cf. Jules Roy. — *Charlemagne : La France Chrétienne.*

Le traité de Verdun va de nouveau livrer l'Empire au désordre et à la guerre ; à la mort du père de famille, les frères se séparent, se jalousent, se haïssent. Le progrès n'était-il qu'un éclair ?

Des temps nouveaux apparaissent, où le monarque conserve l'idée de l'unité, mais où il est impuissant à la faire partager ; il va faire appel à ses vassaux, remuants et puissants. Ceux-ci vont l'aider, sans doute, et finalement réaliser ses vœux, mais ce sera au prix de grandes cruautés et de guerres interminables. « Les ambitions jalouses des peuples et des races sous l'impulsion de souverains déjà presque absolus se réveillent et s'affirment en des guerres incessantes qui bouleversent l'ordre social et entravent l'œuvre de civilisation. » (1) Et, ce qui est plus regrettable encore, parce qu'on n'y pouvait voir de remède chez ces peuples toujours en armes et pour qui la guerre est un métier, l'amour de la bataille est chose naturelle. « Si j'avais un pied au Paradis et l'autre en la bataille, je retirerais pour me battre mon pied du Paradis. » Toute la race chevaleresque est dans ce mot. (2)

§ III. — *L'Église*

Après Charlemagne, la faiblesse de ses successeurs, les invasions nouvelles des Sarrazins et des Normands, arrêtent une fois encore la marche vers le progrès. Les hommes de proie qu'étaient les seigneurs féodaux acceptent bien en apparence les doctrines du Christ, mais il ne se dépouillent pas pour cela de leur rudesse et de leur violence. L'Église leur impose la trève de Dieu, qui les oblige à s'abstenir de guerres pendant un certain nombre de jours de l'année, mais ils introduisent dans la reli-

---

(1) Cf. Cardinal Langénieux, la *France Chrétienne*.
(2) Cf. Léon Gautier, la *Chevalerie*, dans *La France Chrétienne*.

gion chrétienne l'élément de violence, de haine contre l'infidèle et de brutalité contre l'incroyant, élément nouveau, si contraire à la doctrine du Christ. Pour le Sarrazin et pour le Juif, comme aussi pour l'hérétique, il n'y aura ni pitié ni merci.

Avec l'Inquisition les bûchers vont s'allumer, et après avoir massacré pendant de longs siècles des hommes pour leur ravir le fruit de leur travail, on va maintenant les brûler pour leur imposer sa foi.

Malgré ce culte de la guerre, au Moyen-Age, le Christianisme a fait une œuvre intéressante. S'il n'a pas agi directement sur les procédés employés au regard de l'étranger, du moins a-t-il formé peu à peu la conscience individuelle, a-t-il préparé les génies de la Renaissance, a-t-il eu surtout des adeptes superbes qui ont voulu ouvrir les yeux à une humanité aveugle. C'est Saint-Cyprien appelant la terre « une maison commune, ouverte à tous les fidèles ». C'est Tertullien, regardant le monde entier comme un seul Etat et demandant la liberté de relations entre tous les Chrétiens, quelles que soient leurs nationalités. C'est Saint-Augustin considérant que l'humanité va, progressant toujours, et qu'elle atteindra la perfection lorsque toutes les races seront unies sous l'empire de la paix. L'Eglise travaille donc à la pacification du monde.

Chez quelques individus on trouve aussi de nobles préoccupations de morale. En 1182, un charpentier nommé Durant fonde en France une « Confrérie de la Paix » qui réunit de nombreuses adhésions, hors de l'aristocratie féodale.

Des projets plus larges même germaient dans le sein de l'Eglise, et il ne faut pas méconnaître ce qu'il y avait de grandiose dans l'idée d'une république universelle telle qu'elle tourmentait la papauté au sortir de la crise terrible dans laquelle avait été plongé le monde ancien par l'invasion des barbares. Le besoin d'association et d'unité est tellement grand parmi les hommes que deux pouvoirs : le pouvoir temporel de l'empereur d'Allemagne et le pouvoir spirituel du pape tentent chacun de leur côté et chacun à son profit de rétablir l'union des différents peuples d'Europe.

Mais ces deux pouvoirs au lieu de s'entendre pour le bien des peuples, ne tardent pas à entrer en conflit et à se faire la guerre l'un à l'autre. Finalement aucun d'eux ne l'emporte et si un pape de génie comme l'était Grégoire VII, servi par la seule puissance de l'esprit, put obliger un empereur à l'attendre à Canossa, pendant trois jours, dans la neige et à se traîner à ses pieds, ce triomphe de l'idée sur la force brutale ne dura qu'une heure.

D'ailleurs le vieil empire romain avait été trop morcellé pour que l'on put rapidement établir une monarchie universelle. Les milliers de petites souverainetés qui pullulaient sur les ruines du colosse comme des vers sur un cadavre étaient trop jalouses de leurs pouvoirs usurpés et de leurs prérogatives pour se soumettre, dans l'intérêt de tous, à la loi du suzerain. Pas à pas il fallait que l'humanité gravit de nouveau les degrés divers de l'association. Les villes avec leurs communes, les nationalités avec leurs rois, devinrent des centres de groupements au sein desquels, par suite même de la renaissance des civilisations et des progrès de la vie en commun, finit par s'imposer un minimum de justice.

Par un heureux concours de circonstances la France fut le premier pays d'Europe où s'accomplit cette unité. Travaillant de concert avec le peuple dont ils représentaient les aspirations et les tendances, s'appuyant sur les communes qui avaient été les premières à limiter les attributions des seigneurs féodaux, à leur imposer le respect de la coutume et plus tard de la loi, les rois de France conquirent pied à pied les diverses provinces dont se compose le ter-

ritoire français. Pour arriver à leur but ils n'eurent
pas toujours recours à la guerre ; ils furent servis
par les mariages, les transactions, les alliances. Peu
à peu ils substituèrent à l'anarchie féodale le règne
de la loi ; c'est ainsi qu'ils accomplirent, au profit
du peuple français, une œuvre à la fois morale et
civilisatrice.

Mais si les nécessités de la vie imposaient aux
divers Etats Européens, dans leur administration
intérieure un minimum de justice, ces Etats mécon-
nurent totalement jusqu'à la Révolution de 1789 et
partiellement jusqu'à nos jours, l'utilité, la nécessité
de la justice dans leurs relations avec leurs voisins.

Après l'invasion des barbares et l'établissement
de la féodalité c'est « le droit de la poigne » qui
réglait entre eux les rapports des petits souverains.

Lorsque, dans les différents pays, les suzerains les
plus forts et les plus habiles eurent imposé leur loi à
leurs vassaux, ils ne songèrent pas à s'entendre
entre eux et à parfaire par une union européenne
l'œuvre qu'ils avaient entreprise. Au contraire ils
héritèrent et des prérogatives de leurs vassaux et de
leur esprit de banditisme, de leur désir d'agrandissement, de gloire et de puissance, de leur droit de
souveraineté. Quand les guerres entre les comtés,
les marquisats eurent cessé, recommencèrent les
guerres de peuple à peuple, de nationalité à natio-
lité, guerres de conquêtes, guerres d'hégémonie,
guerres de religion, guerres de magnificence, qui
toutes, sous des couverts plus ou moins hypocrites,
avaient pour but l'exploitation de l'homme par
l'homme, du vaincu par le vainqueur, de la classe
dirigée par la classe qui détenait le pouvoir.

§ IV. — *Les Juristes.*

Et que faisaient pendant ce temps les juristes ?
Quels étaient exactement les procédés employés par

des races aux mœurs si tapageuses et si batailleuses ?
Vont-elles mépriser les rares délicatesses des Grecs,
aider à germer la verte semence des Romains ?

La justice prit les formes du conflit armé dans les
procédures judiciaires ; à son tour, la guerre eut son
droit, ses règles ; les batailles eurent leur jurisprudence. L'intérêt privé opéra cette compénétration de
deux éléments qui paraissent opposés : force et droit.
Aussi, avec la féodalité, fut remis en vigueur l'usage
de faire précéder les hostilités d'un avertissement
formel et préalable (1). A partir du xiie siècle, cette
pratique devint générale et se maintint jusqu'au
milieu du xviie siècle. Le roi seul décide ; il n'y a
plus d'Amphyctionies et plus de Fétiaux ; on sait au
moins sur qui porte la responsabilité de la guerre.
Un corps de jeunes nobles est fondé, ce sont les
hérauts d'armes. Quiconque manquait à l'envoi du
défi, manquait à l'honneur, cette nouvelle religion
de la classe noble et guerrière.

Dans les tentatives de conciliation, on voit toujours
apparaître l'intérêt de l'arbitre. La préoccupation
des rois fut de mettre un terme aux guerres sanglantes et continuelles de leurs vassaux ; mais c'est
pour s'arroger le droit exclusif de guerre, pour combattre le prétendu droit de guerre privée, qu'il impose
des règles et des restrictions à l'emploi de la force.
Des législations interdisent aussi d'attaquer l'adversaire avant l'échéance d'un terme.

Plus que jamais la courtoisie internationale exige
la déclaration de guerre. Mais en cette exigence
réside tout le droit international ; ce n'est pas assez.
Il faudra attendre que les pouvoirs royaux soient
définitivement établis et suffisamment puissants. Le
Décret de Gratien, le *Livre des Batailles*, de
Honoré Bonet, le *Livre des Faits d'Armes*, de
Christine de Pizan, le *Traité des Représailles*, de

---

(1) Voir Ph. Beaumanoir, *Coutumes de Beauvaisis*.

Bartole, sont vraiment insuffisants pour constituer un droit des gens. L'*Ecole de Bologne* songe bien à relever le droit Romain, au xııe siècle, et elle remporte un grand succès. Mais la plus belle doctrine juridique est encore dans le droit canon de l'Eglise.

———————

CHAPITRE III

Les Temps Modernes.

Avec la renaissance des lettres et des arts qu'avait rendu possible, après des siècles de barbarie et d'obscurité, l'établissement au sein des divers États d'un minimum de justice, les gouvernants éprouvèrent le besoin de rechercher dans les textes de l'antiquité la justification et l'excuse de leur droit de guerre. Celui-ci allait d'une façon évidente à l'encontre de la doctrine du Christ dont ils se disaient tous les ardents défenseurs. Et c'est ainsi que les philosophes et les légistes firent revivre l'antique raison d'État dont les romains s'étaient servis pour justifier toutes leurs conquêtes et qu'ils avaient résumée dans cette formule : *Salus populi suprema lex esto.*

§ 1. — *Machiavel.*

La raison d'État trouve au xvie siècle son plus parfait théoricien dans Machiavel. Et le petit livre du célèbre écrivain italien, intitulé *le Prince*, devint jusqu'à nos jours le bréviaire de tous les forbans de la politique, le *credo* dont ils se servent pour calmer leurs scrupules et fermer la bouche à ceux qui leur reprochent de suivre deux morales : l'une altruiste, basée sur la justice, la piété et la charité pour eux-mêmes, et l'autre égoïste, injuste et brutale pour les États. Aussi mérite-t-il d'arrêter notre attention.

L'ouvrage de Machiavel, hâtons-nous de le dire, part d'un bon mouvement. L'historien italien est un grand patriote qui souffre de l'état de division dans lequel se trouve son pays. Il se lamente de voir Gênes faire la guerre à Venise, Rome à Lucques ou à Pise. Il a honte de sentir ses compatriotes se déchirer entre eux, faire appel à l'étranger et à l'empereur d'Allemagne. Il voudrait voir se réaliser le rêve de l'unité de l'Italie qui hantait l'esprit et faisait battre le cœur de tous les malheureux de la péninsule ; rêve dont l'égoïsme des princes allait rendre pendant des siècles encore la réalisation impossible.

En relisant l'histoire, il cherche quelle a été la raison profonde de la croissance des empires ; il cherche à dégager des évènements du passé une loi dont l'application puisse être le salut de la patrie. Et comme l'histoire ne présente à ses yeux que l'image de la force, de la brutalité, de la ruse et de la violence, il en vient à contre cœur à faire de ces principes le mobile de la politique.

Le principal mobile qui mène les hommes est, selon lui, le désir d'agrandir leur domaine. Or, ce désir n'a de limite que la puissance de l'individu qui le porte en lui.

Le Prince qui triomphe par n'importe quel moyen ne manquera pas d'être excusé.

« Vraiment le désir d'acquérir est naturel et très ordinaire, et toutes les fois qu'il arrive aux hommes de s'agrandir, ils en sont plutôt loués que blâmés ; mais quand ils ne peuvent pas y réussir, tout en voulant y parvenir de n'importe quelle manière, c'est là qu'est l'erreur et qu'ils sont dignes de blâme (1). »

Le Prince qui sentira en lui le pouvoir de s'agran-

_____

(1) Machiavel, *le Prince*, Ch. III p. 69.

dir ne reculera donc pas devant un crime. Tout au plus, Machiavel lui conseille-t-il de commettre ses crimes tous à la fois pour n'avoir pas à y revenir, comme si la violence n'engendrait pas la violence et comme si l'injustice ne laissait pas au cœur de la victime une haine inguérissable.

Cette maxime est fondée sur ce principe et sur cette vérité que les princes n'ayant rien que ce qu'ils ont usurpé, les plus forts font la loi aux plus faibles et prennent ce qui est à leur bienséance ; les souverains croient juste ce qui leur est utile, et les États n'ont d'autres bornes que leur propre conservation, mais au préjudice de celle de leurs voisins. (1).

« On peut dire que la cruauté est bien employée (s'il est jamais permis de dire qu'un mal est bien) quand elle ne se fait qu'une fois, et encore par nécessité de conserver le pouvoir et qu'elle tourne ensuite au bien des sujets. Les crimes mal employés sont ceux qui, quoique étant peu considérables au début, au lieu de cesser augmentent par la suite. » (2).

« Il faut donc en conclure que l'usurpateur d'un État doit préparer et faire toutes les cruautés d'un coup pour n'avoir pas à les recommencer tous les jours, et pouvoir, en ne les renouvelant pas, rassurer les esprits et les gagner par les bienfaits. » (3).

Le Prince ne s'embarrassera pas non plus à garder la foi jurée : « Chacun comprend combien il est louable, dans un Prince, de garder la foi, d'agir sincèrement et non par la ruse ; mais l'expérience de notre temps nous montre qu'il n'est arrivé de faire de grandes choses qu'aux princes qui ont fait peu de cas de leur parole, qui ont su adroitement tromper les autres, et qui, à la fin, ont su vaincre ceux qui s'étaient confiés à leur loyauté.

---

(1) *Louis Machon*, apologiste de Machiavel, *Annales de la Faculté des Lettres de Bordeaux*, 1881, p. 440.
(2) Machiavel, *Le Prince*, Ch. VIII p. 91.
(3) Machiavel, *Le Prince*, Ch. VIII p. 98.

« Vous devez donc savoir qu'il y a deux manières de combattre : l'une avec les lois, l'autre avec la force. La première est celle des hommes et la seconde celle des bêtes. Mais comme souvent la première ne suffit pas il faut recourir à la seconde. Le Prince doit donc nécessairement bien faire l'homme et la bête. C'est ce que les anciens écrivains enseignent à mots couverts quand ils racontent qu'Achille et divers autres princes furent donnés à nourrir au Centaure Chiron, qui devait les élever sous sa discipline, pour signifier que, comme le précepteur était demi-homme et demi-bête, les princes devaient participer des deux natures, l'une ne pouvant pas durer longtemps sans l'autre.

« Le Prince ayant donc besoin de bien imiter la bête, doit savoir revêtir les qualités du renard et du lion parce que le lion ne se défend point des filets ni le renard des loups. Il faut donc être renard pour connaître les filets, et lion pour effrayer les loups. Ceux qui s'en tiennent au lion ne connaissent pas leur métier ; par conséquent, un Prince prudent ne doit pas tenir sa parole quand cela lui fait tort, et quand les occasions qui lui ont fait promettre quelque chose n'existent plus.

« Si les hommes étaient bons, ce précepte serait mauvais, mais comme ils sont méchants, et qu'ils sont loin de tenir leur parole tu ne dois pas non plus la tenir, et tu ne manqueras jamais de raisons pour en justifier l'inobservation. J'en pourrais donner mille exemple modernes, et montrer combien de traités de paix, combien de promesses ont été rendus nuls par l'infidélité des princes, dont celui qui a eu le plus de succès a le mieux su imiter le renard. Mais il faut savoir bien jouer son rôle ; il faut être habile à feindre et à dissimuler, car les hommes sont si simples et si accoutumés à obéir aux circonstances, que celui qui trompe trouvera toujours quelqu'un à tromper.

« De tous les exemples récents, je n'en veux pas oublier un ; Alexandre VI ne fit que tromper les hommes ; il n'a jamais songé à autre chose, et a toujours trouvé l'occasion de le faire ; pas un homme n'a su promettre avec plus d'aplomb, ni faire un plus grand nombre de serments sans en tenir aucun, et pourtant la ruse lui a toujours réussi parce qu'il connaissait bien son monde.

« Un prince n'a donc pas besoin de posséder toutes les qualités que j'ai indiquées, mais il doit paraître les avoir. J'ajouterai même que d'avoir et se servir de ces qualités, c'est dangereux et qu'il est toujours utile de feindre de les avoir ; c'est ainsi qu'il doit paraître clément, fidèle, humain, religieux et intègre ; mais il doit rester assez maître de lui pour qu'au besoin il puisse et sache faire tout le contraire.

« L'on doit comprendre qu'un prince, et particulièrement un prince nouveau, ne peut pas exercer toutes les vertus qui font passer les hommes pour bons, parce que, étant dans la nécessité de conserver l'État, il doit souvent agir contre la foi, la charité, l'humanité et la religion. Il faut donc qu'il ait un esprit capable de tourner suivant que le lui commandent les variations des vents et des circonstances, et, ainsi que je l'ai dit plus haut ne pas s'écarter du bien s'il le peut, mais aussi savoir entrer dans le mal lorsqu'il le faut.

« ..... Dans les actions de tous les hommes et surtout des princes, contre qui il n'y a point de recours en justice, on ne regarde qu'aux résultats.

« Un prince n'a donc qu'à vivre et à maintenir son État ; les moyens dont il se servira seront toujours trouvés honnêtes et louables, car le vulgaire s'attache toujours aux apparences et il ne juge que par le succès ». (1).

---

(1) *Le Prince*, Ch. XVIII.

L'idéal du Prince tel qu'il l'entend, égoïste, calcu-
lateur, indifférent au bien et au mal, à la vérité et
au mensonge, peu respectueux de la parole donnée,
et coupable à l'occasion du parjure, dont la seule
qualité est la vertu c'est-à-dire l'énergie, la résolution et le ressort, Machiavel le trouve réalisé dans
César Borgia, dans le Prince dont la vie est souillée
par tant de crimes et qui a laissé dans l'histoire un
des souvenirs les plus tristes. D'après Machiavel
c'est le duc de Valentinois, ce débauché dont le
poignard et le poison étaient les moyens favoris pour
trancher toutes les difficultés et se débarrasser de
ses ennemis, qui était l'homme fort vraiment qua-
lifié pour faire l'unité de l'Italie. Et c'est lui qu'il
présente sinon comme idéal, du moins comme modèle aux grands hommes politiques de l'avenir.

Il ne faudrait pas en déduire que Machiavel était
un bandit qui méconnaissait totalement la beauté de
la vertu. Lui-même, à plusieurs reprises, ne cesse
de louer la justice et l'humanité qui, selon lui,
devraient être l'idéal de tous les hommes.

« De ceux qui vivent particuliers dans une république et que la fortune, le talent et le courage y
élèvent au rang des princes, s'ils lisent l'histoire,
s'ils font leur profit du tableau qu'elle présente, il
n'en est point qui ne voulussent, étant hommes pri-
vés, ressembler plutôt à Scipion qu'à César, et être
plutôt Agésilas, Timoléon et Dion que Nabis, Halaris
et Denys. Ils verraient en effet les premiers extrême-
ment admirés, tandis que les autres sont couverts de
honte. Ils verraient Timoléon et Agésilas jouir dans
leur patrie d'autant d'autorité que les Phalaris et les
Denys, mais en jouir plus sûrement.

« Et que personne ne se laisse imposer par la
gloire de ce César que les écrivains ont tant célébré ;
car ceux qui le louent sont des juges corrompus par
sa prospérité et effrayés d'une puissance continuée
dans une famille qui ne leur permettait pas de

s'exprimer librement. Veut-on savoir ce que ces
écrivains en eussent dit s'ils eussent été libres.

« Qu'on lise ce qu'ils ont écrit de Catilina.

« César est d'autant plus digne d'exécration, que
celui qui exécute est plus coupable que celui qui
projette le mal. Qu'on voie aussi les éloges prodigués
à Brutus. Ne pouvant flétrir le tyran à cause de sa
puissance, ils célèbrent son ennemi. Depuis que
Rome devint monarchique, que de louanges ne
s'attirèrent pas les empereurs qui, respectant les
lois, vécurent en bons princes, et que d'infamie
rejaillit sur les mauvais !

« Titus, Nerva, Trajan, Hadrien, Antonin, Marc-
Aurèle n'avaient besoin ni de gardes prétoriennes,
ni de nombreuses légions pour les défendre. La
douceur de leurs mœurs, la bienveillance du peuple,
l'attachement du Sénat, étaient leur ferme défenseur.

« Il verra que les Caligula, les Néron, les Vitélius
et tant d'autres Empereurs scélérats ne purent
trouver dans toutes leurs armées orientales et occi-
dentales une sauvegarde contre les ennemis que
leur vie infâme et leurs mœurs mauvaises leur
avaient suscités. Leur histoire, bien considérée,
servirait de leçon pour chaque prince et lui montre-
rait le chemin de la gloire ou du blâme, celui de la
sécurité ou de la crainte.

« ..... Mais ce qu'un prince pourrait apprendre
en lisant cette histoire, ce serait à bien gouverner.
Pourquoi les empereurs qui ont hérité de l'empire
ont-ils été tous mauvais, excepté Titus. Pourquoi
tous ceux qui l'ont eu par adoption ont-ils été bons,
témoin les cinq empereurs depuis Néron jusqu'à
Marc-Aurèle. Pourquoi enfin l'empire tomba-t-il en
ruines au moment où il revint à des héritiers. Qu'un
prince jette donc les yeux sur les temps qui s'écou-
lent entre Néron et Marc-Aurèle, qu'il les compare
à ceux qui les précédèrent et qui les suivirent, et

qu'il choisisse ensuite l'époque à laquelle il eut
voulu naître, et ceux auxquels il eut voulu commander.

« Car sous les bons empereurs il verra un prince
vivant dans la plus parfaite sécurité au milieu de
citoyens rassurés, la justice et la paix régnant dans
le monde ; il verra l'autorité du Sénat vénérée, la
magistrature honorée, le citoyen opulent jouissant
de ses richesses, la noblesse et la vertu considérées,
et partout le calme et le bonheur ; il verra aussi
toute animosité, toute licence, toute corruption,
toute ambition éteintes ; il verra cet âge d'or où
chacun peut avoir son opinion et la soutenir ; il
verra enfin le monde triomphant, le prince respecté
et couvert de gloire et ses sujets l'aimer sans alarmes.

« Si, au contraire, il examine les règnes des autres
empereurs, il les verra éprouvés par la guerre,
déchirés par les séditions, cruels autant en paix
qu'en guerre, il verra des princes massacrés, la
guerre civile et la guerre étrangère, l'Italie désolée
par des calamités sans bornes, ses villes ruinées et
saccagées. Il verra Rome en cendres, le Capitole
détruit par ses habitants, les temples antiques pro-
fanés, les rites corrompus et l'adultère souiller toutes
les villes. Il verra la mer couverte d'exilés, les
écueils teints de sang. Il verra Rome se rendre coupable de tous les genres de cruautés, la noblesse, la
richesse, les honneurs et par dessus tout la vertu
être imputés à crime. Il verra encourager et payer
les accusateurs, des esclaves corrompus dépouiller
leurs maîtres, des hommes libres s'élever contre
leurs patrons, et ceux qui n'avaient pas d'ennemis
être opprimés par leurs amis. Alors il apprendra à
connaître les obligations que Rome, l'Italie et le
monde doivent à César, et pourvu qu'il soit homme
il s'éloignera en frémissant de toute imitation de cet
ambitieux et s'enflammera du désir d'imiter les
bons princes. Un souverain vraiment jaloux de sa

gloire devrait désirer de régner sur une ville corrompue, non comme César, pour achever de la perdre, mais comme Romulus pour la réorganiser. » (1).

Machiavel était donc un excellent citoyen et un parfait honnête homme, qui voulait le bien de l'humanité et de sa patrie. Mais il eut le tort de faire une distinction radicale entre la réalité et l'idéal, et de partager l'erreur commune à beaucoup de grands hommes, qui leur fait croire que du mal peut sortir le bien, théorie facile qui justifie toutes les ambitions, toutes les cruautés et toutes les défaillances. Il n'a pas compris qu'il n'y a pas d'opposition véritable entre l'idéal et le réel ; et que la justice absolue est la condition de la vie la plus intense et la plus heureuse dont il soit possible de jouir sur cette terre.

Avec la meilleure volonté il a créé une œuvre néfaste, il a fourni de nouveaux arguments et apporté un nouvel appui à la théorie des deux morales, à la doctrine de violence, de meurtre et de banditisme, doctrine aussi vieille que le monde, à laquelle on a pu donner le nom de « Machiavélisme perpétuel », mais que son antiquité ne rend ni plus vénérable, ni plus respectable.

Son excuse est de s'être laissé trop influencer par ce qu'il voyait autour de lui, d'avoir été un observateur trop pénétrant de la réalité, et d'avoir pris ce qui était pour ce qui devait être obligatoirement.

Il faut avouer que les mœurs politiques de l'époque étaient des plus déplorables.

« Au moment où Machiavel écrivait son livre, dit Ferrari, l'Italie était au pouvoir de princes et de républiques qui avaient érigé l'usurpation, la violence et la fraude en raison d'État. Il en était de même dans le reste de l'Europe.

« Ferdinand le Catholique était l'homme le plus faux et le plus perfide de son époque ; il se vantait

(1) Discours sur Tite-Live, L. I., Ch. 10.

lui-même d'avoir trompé plus de dix fois Louis XII
de France. Son général, le célèbre Consalvo, jurait
sur l'hostie consacrée que le duc de Calabre n'avait
rien à craindre en allant en Espagne et ce malheureux y était jeté au fond d'un cachot ; Richard III a
été le plus grand empoisonneur de son siècle. Hallau
disait de Louis XI que, « s'il n'avait pas inventé,
certes, il était le meilleur cultivateur de fraudes ».
Les Suisses trahissaient Ludovic le More sur le
champ de bataille. On pourrait multiplier les exemples à l'infini ». (1).

Jamais aucun philosophe n'avait exposé avec
autant de cynisme que Machiavel les procédés courants de la politique, surtout de la politique internationale. *Le Prince* qui avait été dédié à Laurent de
Médicis surnommé le Magnifique et qui avait été
publié avec l'approbation du pape, passa tout d'abord
inaperçu. Plus tard il provoqua de vives colères et
des réfutations hypocrites, mais les mœurs politiques
n'en furent guère changées.

Chose étrange, ce sont les jésuites, à qui on attribue à tort ou à raison la fameuse doctrine de la fin
qui justifie les moyens, qui furent les premiers à
censurer violemment le livre de Machiavel et à
attirer sur lui les foudres de l'Eglise. La raison en
est à ce que les défenseurs de l'unité catholique
attribuaient à l'application des doctrines machiavé-
liques le triomphe de la religion réformée en Suisse,
en Angleterre et en Allemagne. Pour la première
fois, après la séparation de l'Angleterre d'avec la
religion catholique, le cardinal Polo jette comme
dernière imprécation à Henri VIII le nom de Machiavel ; l'Inquisition s'empare du livre du secrétaire
florentin et le désigne à la congrégation de l'Index ;
Paul IV prononce la proscription du Prince et les

(1) Ferrari, *Préface du Prince*, p. XXXII, *Edit. Française
de la Bibliothèque Nationale.*

jésuites d'Ingolstadt brûlent Machiavel en effigie.

En dépit de cette condamnation de l'Église, l'esprit de Machiavel n'en continua pas moins à régner en maître dans le domaine de la politique internationale, tout au moins jusqu'aux approches de la Révolution française, et nous verrons plus loin qu'au cours du xixe siècle le machiavélisme trouva dans l'exemple de Napoléon, la théorie du darwinisme social et la philosophie allemande, de nouveaux et puissants soutiens.

Pour la plupart des philosophes et des diplomates de l'Ancien régime, les maximes de Machiavel paraissaient si incontestables que presque personne ne songeait à s'en offusquer. Et si parfois même l'un d'eux, comme le roi Frédéric, s'essayait à réfuter *le Prince*, ce n'était là que jeu d'école qui n'influait en rien sur sa conduite.

Il faut lire les premiers chapitres de l'admirable ouvrage de M. Albert Sorel sur *l'Europe et la Révolution* pour se rendre compte jusqu'à quel point la malhonnêteté était de règle dans la diplomatie de l'ancien régime, et dans quelle fâcheuse mesure la doctrine de violence et de fraude dans les relations entre les États avait empoisonné les meilleurs esprits.

§ II. — *Les Philosophes et les hommes d'État.*

Il est cependant vrai que Thomas Morus, Colet, Fischer de Roffa sont de chauds partisans de la paix universelle et d'un régime juridique réglant les différends entre nations. Çà et là, parmi les penseurs et les légistes, s'élève l'idée de fraternité et de justice. Érasme est un brillant écrivain pacifiste. « La guerre, dit-il, est de sa nature quelque chose de si cruel qu'elle conviendrait mieux aux bêtes qu'aux hommes,... de si inique, que les plus grands scélérats y sont beaucoup plus propres que les bons naturels ; de si impie qu'elle n'a nul rapport avec la religion et la morale. Cependant certains pontifes quittent toutes les fonctions pastorales pour se donner tout entier à la guerre, ne faisant pas le moindre scrupule de bouleverser les lois, la religion, l'humanité ;... ils trouvent des raisons pour prouver que tirer l'épée et l'enfoncer dans le cœur de son frère, ce n'est point enfreindre le grand commandement de la charité envers le prochain ».

Mais la doctrine de Machiavel pousse dans les mœurs ses racines profondes ; de grands philosophes du xvie et du xviie siècle semblent l'approuver.

Etienne Pasquier fait dire à Curial dans le *Pourparler du Prince* :

« Il me semble que la principale philosophie que doit avoir un Prince est sa promotion et sa grandeur, sans autre contemplation...

« ... Je désire que ce roi soit toujours aimé pour l'accroissement de ses bornes et la sûreté de ses frontières... Par là il s'ouvre un sentier à une gloire éternelle ; par là ils sont estimés non seulement entre les leurs, mais aussi par tout l'univers » (1).

Et Descartes disait à une grande dame qui lui demandait son avis sur la politique du *Prince* : « La justice entre les souverains a d'autres limites qu'entre les particuliers...

« On doit aussi distinguer entre les sujets, les amis ou alliés et les ennemis, car au regard de ces derniers on a quasi-permission de tout faire, pourvu qu'on en tire quelque avantage pour soi et pour ses sujets, et je ne désapprouve pas en cette occasion qu'on accouple le renard au lion et qu'on joigne l'artifice à la force. Même je comprends sous le nom d'ennemis tous ceux qui ne sont point amis ou alliés, pour ce qu'on a droit de leur faire la guerre quand on y

---

(1) Etienne Pasquier. *Le Pourparler du Prince*, Curial à son interlocuteur.

trouve son avantage et que commençant à devenir
suspects et redoutables on a lieu de s'en défier ». (1).

De son côté Pascal écrit, peut-être avec ironie :
« Les États périraient si on ne faisait ployer sou-
« vent les lois à la nécessité,... Ne pouvant fortifier
« la justice on a justifié la force » (2).

Pour Bossuet les fondements de l'État sont de
droit divin. Le monarque n'a donc de compte à
rendre à personne si ce n'est à Dieu, « O rois, dit-il,
dans sa *Politique tirée de l'Écriture Sainte*, vous
êtes des Dieux, c'est-à-dire vous avez dans votre
autorité, vous portez sur votre front le caractère
divin ».

C'était faire, en terme pompeux, de la Raison
d'État avec toutes ses injustices, toutes ses déloyautés
et toutes ses folies, l'unique règle de la conduite du
souverain. C'était faire de l'orgueil d'un seul homme,
toujours si facile à enivrer, l'arbitre unique de la
destinée de millions d'hommes. Jamais théorie plus
néfaste, on l'a vu avec la politique extérieure de
Louis XIV, ne porta de plus mauvais fruits.

Voici enfin de quelle façon légère et frivole Voltaire explique les remords de la politique internationale : « Chacun, dit-il, a reçu de la nature l'envie
de s'agrandir ; une occasion paraît s'offrir : un
intrigant la fait valoir ; une femme, gagnée par de
l'argent ou pour quelque chose qui doit être plus
fort, s'oppose à la négociation ; un autre la renoue :
les circonstances, l'humeur, un caprice, une méprise,
un rien décide. » (3).

« Voilà comme le monde va, conclut Frédéric : il
se gouverne par compère et commère ». (4).

---

(1) *Descartes*. Edit. Cousin XIX p. 389 et *Lettre à Madame
Elisabeth, princesse Palatine*, Septembre 1646.
(2) *Pascal Pensées*. Edit. Ha et, Art. XI-406 et Art. 407.
(3) *Lettre à Frédéric*, 5 Août 1738.
(4) (*A Voltaire*, 6 Décembre 1771).

Et voici comment le baron de Bielfeld résume admirablement la théorie :

« En matière de politique, il faut se détromper des idées spéculatives que le vulgaire se forme sur la justice, l'équité, la modération, la candeur et les autres vertus des nations et de leurs conducteurs, *Tout se réduit finalement à la puissance* ». (1).

Si les philosophes admettent de cette façon la vérité profonde des maximes de Machiavel et l'existence de deux morales, on pense bien que les hommes d'Etat et les diplomates ne se font pas faute d'approuver ces théories.

« Ses maximes, dit Richelieu en parlant de Machiavel, sont aussi vieilles que le temps et les Etats. Il n'enseigne rien de particulier ni d'inouï, mais raconte seulement ce que nos prédécesseurs ont fait, et ce que les hommes d'aujourd'hui pratiquent utilement, innocemment et inévitablement ». (2)

Richelieu écrit encore :

« Qui a la force a souvent la raison en matière d'Etat, et celui qui est faible peut difficilement s'exempter d'avoir tort au jugement de la plus grande partie du monde ». (3).

Et c'est conformément à ces principes que Richelieu, cardinal français, s'allia avec les protestants d'Allemagne pour combattre la maison d'Autriche fidèle soutien du catholicisme. La religion elle-même qui, lorsqu'elle est sincère doit régler les moindres actes des individus et inspirer même toutes leurs pensées, ne tenait pas devant la raison d'Etat.

Mais Richelieu, lorsqu'il sacrifiait à l'agrandissement de la France et à la consolidation du pouvoir ses convictions les plus intimes, n'en avait pas moins

---

(1) *Institutions politiques*, XII, Ch. IV. *De la puissance des Etats*.

(2) Richelieu. *Apologie pour Machiavel*.

(3) *Testament*, Ch. IX, sect. IV.

dans son caractère quelque chose de loyal, et de chevaleresque. Il restait fidèle à ses alliés. En lui le type lion domine. Les politiques qui viendront après lui se rapprochent plutôt du type renard. La ruse de Mazarin, l'habileté de Dubois, dont Saint-Simon a dit méchamment « qu'une fumée de fausseté lui sortait par tous les pores », de Frédéric II, qui écrivait une réfutation du Prince et annexait la Silésie, et l'hypocrisie de Marie-Thérèse qui se lamentait sans cesse du sort des Polonais et qui acceptait le partage de ce pays, Marie-Thérèse dont le roi Frédéric disait : « elle pleurait et elle prenait toujours », sont restés légendaires.

Tous ces souverains et chefs d'État étaient servis par une diplomatie sans scrupules à laquelle aucun moyen ne répugnait. Son principe étant l'agrandissement de l'État, elle était toujours en haleine pour saisir à point nommé la bonne occasion.

« Encore qu'à ne regarder que les rencontres particulières, dit à ce propos Bossuet, la fortune semble décider de l'établissement et de la ruine des empires ; à tout prendre il en arrive à peu près comme dans le jeu où le plus habile l'emporte à la longue. En effet, dans ce jeu sanglant où les peuples ont disputé de l'empire et de la puissance, qui a prévu le plus loin, qui s'est le plus appliqué qui a duré le plus longtemps dans les travaux et enfin qui a su le mieux se pousser ou se ménager suivant la rencontre, à la fin a eu l'avantage et a fait servir la fortune à ses desseins. » (1).

Moins d'un siècle plus tard, un ancien ministre des Affaires Étrangères, d'Argenson écrit :

« Un État doit toujours être sur la brèche comme un homme du monde qui vit parmi des bretteurs et

---

(1) Bossuet, *Discours sur l'Histoire Universelle*, partie III, Ch. II.

des gens difficiles à vivre. Telles sont les nations de l'Europe, aujourd'hui plus que jamais, les négociations n'étant qu'une querelle continuelle entre gens sans mœurs, hardis à prendre et continuellement avides ». (1).

La grande affaire étant de démembrer le voisin et de lui enlever une partie de son territoire sans tenir compte des désirs et des vœux des populations pillées et annexées, les successions seront d'excellentes occasions pour remanier à chaque instant la carte de l'Europe. Aussi les traités de paix, les contrats de mariage et les alliances doivent-ils être conclus de façon à prêter sans cesse à la discussion et à permettre à chaque instant la guerre.

Les diplomates n'ont pas en vue, comme c'est leur devoir, le maintien sincère, solide et durable de la paix. Ils ne cherchent qu'à se tromper, qu'à duper les uns et les autres. De la sainteté des traités, du respect de la parole donnée, de la religion du serment, ils n'ont cure. Ils se sont fait une morale du banditisme qui leur permet de sanctifier les moyens par la beauté de la fin.

Bodin le constate avec tristesse :

« On voit depuis deux ou trois cents ans, dit-il, que cette opinion a pris pied, qu'il n'y a si beau traité qui ne soit enfreint ; de sorte que l'opinion a presque passé en force de maxime que le Prince contraint de faire quelque paix ou traité à son désavantage s'en peut toujours départir quand l'occasion se présentera ». (2).

La Bruyère, avec son amère ironie, trace du diplomate de son temps un cruel portrait dont tous les traits, hélas, ne répondent que trop bien à la réalité. Il commence ainsi :

---

(1) D'Argenson, *Mémoires, Ed. Rathery XII,* page 326, année 1739.

(2) Beaudrillard, *Bodin et son temps.*

« Le ministre ou le plénipotentiaire est un camé-
léon, un Protée, etc. » (1).

Et le cardinal Dubois, qui était du métier,
conseille :

« Quand on a affaire à des fous et à des fripons,
des ennemis personnels et des concurrents, la prudence veut qu'on ne prenne aucun engagement avec
eux sans de grandes précautions ». (2).

Ces doctrines étaient devenues tellement courantes
qu'elles étaient admises même par de braves gens
comme le marquis de Torcy, « l'un des hommes les
plus honnêtes, dit Albert Sorel, qui aient jamais été
aux affaires ». Il conseillait à Louis XIV vaincu
et à bout de ressources de faire, aux prétentions
exorbitantes de ses ennemis, de très larges concessions, en lui représentant : que le démembrement
dont on le menaçait ne ruinerait pas la France ; que
la division se mettrait parmi les coalisés, « que ce
serait alors que la France trouverait des conjonctures
heureuses pour se venger d'un traité dont l'obligation lui paraissait très semblable à la promesse qu'un
homme fait à des voleurs qui veulent l'assassiner au
coin d'un bois, et qu'il ne croirait jamais que la
conscience dût obliger à tenir de telles promesses
quand le temps serait arrivé de s'en relever ». (3)

Mais le maître des maîtres en fourberie politique
fut le grand Frédéric II. Il réalisa bien avant Bismarck le type du *Prince* selon la formule de
Machiavel, moitié renard et moitié lion, ou mieux, un
peu plus renard que lion ; celui qui laisse au vulgaire
l'observation des principes les plus élémentaires de
la morale, rompt les traités les plus solennels, trahit
ses amis et ses alliés ; traite sans pitié le vaincu qu'il

---

(1) (Voir *Caractères* ch. X., *Du Souverain et de la République*).

(2) Aubertin, *L'esprit public au XVIIIe siècle*, p. 100.

(3) Frédéric Masson, *Journal inédit du Marquis de Torcy*,
21 juin 1710, p. 207.

démembre et dépouille. Ce qui ne l'empêche point
d'écrire une réfutation académique de la règle de
conduite qui devait diriger ses actes pendant toute
sa vie.

La façon désinvolte dont Frédéric traita la France
au début de la guerre de Sept ans devait faire jurisprudence. C'est lui qui, après avoir poussé Louis XV
à envahir les Pays-Bas autrichiens, sous prétexte que
l'Autriche pourrait prêter secours à l'Angleterre
contre la France, et voyant cette dernière attaquée
sur mer sans déclaration de guerre, conclut un traité
secret avec l'Angleterre contre la France, traité qui
devait commencer la perte des colonies françaises.

C'est le même Frédéric qui, au début de ses
Mémoires, traite sérieusement *ex-professo* « des cas
de rompre les alliances ».

C'est lui aussi, dit Albert Sorel, qui, se jugeant
en mesure de s'emparer de la Silésie, se rappela
qu'il avait des droits anciens sur cette province. Son
ministre Podewils lui fit observer timidement que ces
droits étaient anéantis par des traités solennels.

« L'article du droit est l'affaire des ministres,
répondit ce prince philosophe, — c'est la vôtre ; il
est temps d'y travailler en secret car les ordres aux
troupes sont donnés » (1).

Mais ce n'est pas seulement dans les grandes
occasions, dans les graves circonstances, dans la
rupture constante des traités les plus solennels
qu'éclate la malhonnêteté des mœurs politiques internationales de l'ancien régime. Même dans les moindres occasions de la vie courante, dans les moindres
gestes et les moindres démarches des diplomates
cette malhonnêteté est de règle. La corruption de
l'adversaire par l'argent, la violation du secret des
correspondances, l'enlèvement des courriers, l'envoi
d'espions auprès de l'ennemi, l'intrigue incessante

(1) *Politische Correspondenz*, XI, p. 90.

pour fomenter des troubles et des révolutions en pays étrangers : tels étaient les procédés courants de la censure diplomatique de cette époque.

La méthode jugée la plus efficace était « de ne rien persuader que l'argent à la main ».

Le bon diplomate, dit La Bruyère, « sait intéresser ceux avec qui il traite..... Il ne veut pas non plus être imprenable par cet endroit, il laisse voir en lui quelque sensibilité pour sa fortune, il s'attire par là des propositions qui lui découvrent les vues des autres les plus secrètes, leurs desseins les plus profonds et leur dernière ressource, et il en profite ». (1)

« Le roi, écrivait un ministre de Louis XIV, ne doit rien omettre des moyens qu'il a entre les mains et doit employer l'adresse et les insinuations et même l'argent, qui est un moyen plus court et plus sûr qu'aucun autre et qui est en usage depuis longtemps à la cour de Rome pour se procurer un pape plus sage et moins partial que le dernier ». (2)

Pas plus que la vénalité le cabinet noir n'offusquait les diplomates de l'ancien régime :

« Cette déloyauté que l'usage commun semble avoir autorisée, dit l'auteur des *Institutions Politiques*, est si connue, si triviale, qu'on a trouvé presque partout le moyen d'en éluder les effets en se servant d'un chiffre indéchiffrable » (3).

Les révolutions et les meurtres politiques, eux aussi, étaient regardés d'un bon œil par la plupart des hommes d'État et des souverains lorsqu'ils affaiblissaient un ennemi. Et on les favorisait volontiers.

« Les gouvernants, dit Albert Sorel, ne voyaient dans la révolution d'un État étranger qu'une crise particulière ; ils la jugeaient d'après leurs intérêts, ils l'exaltaient ou la calmaient suivant qu'ils trou-

---

(1) La Bruyère, *Caractères*. Ch. X, *Du Souverain et de la République*.
(2) Camille Roussel, *Louvois*, T. IV, Ch. X.
(3) Bielfeld, *Institutions Politiques*, T. II, Ch. III, § 13.

vaient leur intérêt à soutenir cet État ou bien à
l'affaiblir. C'était un des champs de manœuvre pré-
férés des politiques et l'une des ressources classiques
de la diplomatie ». (1).

C'est en vertu de ce principe que les voisins de la
Pologne se montraient les défenseurs jaloux de l'état
d'anarchie qui ouvrait ce pays à l'invasion et l'ex-
posait au démembrement et au partage.

Et c'est pour la même raison que la monarchie de
Louis XVI n'hésita pas à porter secours aux insur-
gés d'Amérique dans l'espoir d'affaiblir la puissance
de l'Angleterre.

Ainsi donc depuis l'invasion des barbares jusqu'à
la fin du xviiie siècle l'Europe présente le spectacle
d'une foule de princes plus ou moins puissants, plus
ou moins scrupuleux et plus ou moins habiles, qui
se contestent leurs titres, se dépouillent, s'expulsent,
cherchent à s'anéantir.

Les guerres religieuses elles-mêmes, en dépit de
leur prétexte d'idéalisme, n'avaient eu tant d'âpreté
que parce qu'elles avaient amené des déplacements de
puissance temporelle et provoqué des sécularisations.

Dans cette lutte ardente et farouche pour la suprématie, les droits de chacun n'étaient sauvegardés
que si la résistance était suffisante. Lorsque deux
puissances étaient à peu près égales ou qu'elles se
jugeaient telles, elles se balançaient, se faisaient
équilibre et c'était la paix. Lorsque l'une se croyait
la plus forte la guerre était déchaînée. Et aux meilleurs esprits elle apparaissait nécessaire, malgré ses
horreurs, parce qu'on la jugeait inévitable.

« Il faut, disait Henri IV, que les grands rois se
résolvent à être marteaux ou enclumes et j'aime
mieux donner deux coups à mes ennemis que d'en
recevoir un de leurs mains ». (1).

Le souci de maintenir l'équilibre sera donc la plus

---

(1) Sorel, *L'Europe et la Révolution*, T. I, p. 55.

grande préoccupation de la diplomatie ; et c'est ce
souci qui, avec la raison d'Etat, sera pendant des
siècles la cause des plus grands désordres dans les
relations entre les peuples et aussi des plus grands
crimes. Lorsque les gouvernements éprouveront
quelque honte à avouer qu'ils veulent faire la guerre
pour s'agrandir, ils la feront en invoquant la nécessité de maintenir l'équilibre. Ce système amènera la
justification des guerres préventives, car si chaque
Etat n'empêche pas à temps son voisin de grandir,
celui-ci sera peut-être trop fort pour être châtié quand
il voudra tenter de rompre à son profit l'équilibre.

Parfois aussi, deux puissants voisins au lieu de se
faire la guerre s'entendront et chercheront à s'agrandir, chacun de leur côté au détriment d'un voisin
plus faible. C'est ce qui s'est produit au XVIIIe siècle
avec la malheureuse Pologne, qui a dû satisfaire les
appétits gloutons de la Prusse, de l'Autriche et de la
Russie. Le démembrement du plus faible par le plus
fort apparaît donc ainsi, chose étrange, comme très
moral puisqu'il permet d'éviter des guerres entre de
grands Etats.

C'est cette politique qui a reçu dans l'ancien
régime le nom de « système co-partageant ». Son
principe est que les acquisitions devront être parfaitement égales... La casuistique confond l'équité de
l'acte avec l'égalité des parts. Sa jurisprudence conclut, pour « maintenir cette juste balance », à calcu-
ler les lots d'après la fertilité du sol, la population,
la valeur politique, ce qu'il faut entendre, dit le
scoliaste, non seulement de la simple quotité de la
population, mais de son espèce et qualité. (1).

Telle était l'étrange morale internationale, tel était
le bizarre droit public qui étaient en honneur à la
veille de la Révolution de 1789, dans l'Europe féodale.

---

(1) Sully. *Economies Royales*, Ed. Petitot, T. VIII, année 1607.
(1) A. Sorel, l'*Europe et la Révolution*, T. I, p. 41.

« Nulle sécurité dans le présent, nulle confiance dans l'avenir, des traités solennellement discutés, signés, ratifiés, demeuraient sans exécution, monuments incomplets et déjà chancelants ; d'autres plus anciens, achevés et consacrés par le respect universel, comme les bases même de l'équilibre européen, étaient non plus seulement sapés dans l'ombre, mais aussi audacieusement attaqués et entamés au grand jour ». (1).

Suivant un mot d'Alberoni ce système d'anarchie internationale n'était autre chose qu'un « gâchis politique ».

Vergennes, de son côté, déplore une telle situation :

« Où en serait l'Europe, ce qu'à Dieu ne plaise, si ce monstrueux système venait à s'accréditer. Tous les liens politiques seraient dissous, la sûreté publique serait détruite et l'Europe ne serait qu'un théâtre de trouble et de confusion ». (2).

C'est l'éternel honneur de la France d'avoir par ses philosophes et les meilleurs de ses hommes politiques montré qu'elle comprenait la nécessité de mettre fin à cet état d'anarchie qui avait déchaîné sur l'Europe les calamités des guerres de Cent Ans, de Trente ans et de Sept ans. La nation qui avait été la première à sortir du chaos dans lequel les grandes invasions avaient plongé le monde ancien ; la première qui avait senti le lien vivant de solidarité qui unissait tous ses membres ; la première qui s'était éveillée au patriotisme ; la première qui, dans son ardent amour de la justice avait réussi, grâce aux efforts de ses communes et de tout son peuple, personnifié par la grande figure du roi, à établir dans son sein un peu d'ordre et à substituer à l'arbitraire féodal le règne de la loi, se devait aussi d'être la première à sentir vivement l'iniquité qui servait de

(2) Camille Rousset, *Histoire de Louvois*, T. III, Ch. I.
(1) Cf. A Sorel, p. 316.

moteur aux relations internationales et à rappeler à
l'Europe qu'elle n'était pas une bande de loups affamés, et qu'elle ne pouvait vivre sans l'idéal de justice.

Même lorsqu'ils admettent le droit de conquête
comme une conséquence inéluctable du jeu des forces
internationales, en vue de maintenir l'équilibre, les
grands philosophes, les meilleurs hommes politiques
français reconnaissent la folie des agrandissements
territoriaux démesurés et ils déclarent que les accroissements des Etats doivent avoir pour limite leur
puissance d'assimilation. Un Etat n'a pas le droit
d'incorporer à lui un autre Etat ou même une de ses
parties, afin d'exploiter les habitants de ce pays à son
profit. Les vaincus doivent être mis sur un pied d'é-
galité avec les vainqueurs, ils doivent jouir des mêmes
droits civils et politiques, des mêmes avantages économiques. Il ne faut pas qu'ils se sentent en aucune façon
opprimés et qu'ils éprouvent la moindre souffrance
d'avoir été séparés violemment de l'Etat vaincu. Les
pays conquis doivent être administrés pour eux-
mêmes et non dans l'intérêt du vainqueur.

« Le droit de conquête qui commence par la force,
dit Bossuet, se réduit pour ainsi dire au droit commun et naturel du consentement des peuples et par
la possession paisible ». (1).

Et Montesquieu écrit :

« Comme les monarques doivent avoir de la
sagesse pour augmenter leur puissance, ils ne doivent pas avoir moins de prudence afin de la borner.
En faisant cesser les inconvénients de la petitesse il
faut qu'ils aient toujours l'œil sur les inconvénients
de la grandeur ». (2).

« C'est au conquérant de réparer une partie des
maux qu'il a faits. Je définis ainsi le droit de conquête : un droit nécessaire, légitime et malheureux,

(1) *Politique*, T. II, art. II, § 2.
(2) Montesquieu, *Esprit des lois*, L. IV, Ch. VIII.

qui laisse toujours à payer une dette ruineuse, pour s'acquitter envers la nature humaine ». (1).

Nous sommes déjà loin, il faut le reconnaître, de l'esclavage des sociétés antiques, du *vae victis !* des Romains et du servage de la féodalité.

Vauban et Montesquieu n'ont pas hésité à condamner les guerres de magnificence qui engageaient la France sans profit sérieux en des conflits sans fins avec l'étranger, et le premier avait conseillé l'abandon de toute possession en Italie.

Après l'annexion de l'Alsace et de la Lorraine, la France avait atteint ses frontières naturelles. Cette annexion, en ce qui concerne l'Alsace fut, à la fois, un chef-d'œuvre d'habileté et une reconnaissance du principe de la liberté des peuples. Les circonstances qui précédèrent et suivirent le traité de Westphalie sont en effet des plus curieuses et malheureusement assez peu connues.

C'est à la suite de la guerre de Trente ans que l'Alsace tomba sous la domination française. Les trois duchés catholiques de Clèves, Juliers et Berg ayant été séquestrés par l'empereur Rodolphe entre les mains de l'évêque de Strasbourg (Léopold, archiduc d'Autriche), les deux confédérations germaniques, la catholique et la protestante se tournèrent vers Henri IV pour lui demander sa protection (1609). Telle fut l'origine de l'immixtion de la France dans les affaires des princes allemands.

En 1636, Bernard de Weymar, général en chef des Confédérés, obtint le Landgraviat d'Alsace et prit Brisach. A sa mort (18 Juillet 1639) ses lieutenants arborèrent le drapeau français dans toutes les villes de l'Alsace.

Les traités de Westphalie ne firent donc que ratifier le fait accompli en transférant la souveraineté de cette province à la France. La cession fut for-

---

(1) Montesquieu, *Esprit des lois*, T. X, Ch. IV.

melle, quoiqu'en dise l'historien allemand *de Sybel*, la preuve en est dans le traité intitulé : *Litteræ cessionnis et renunciationis juxtà pacem Monaster de oppido Brisaco cum provinciis Suntgoviæ, etc., per Ferd. III. Rom Imp. nec non Archiduces Austriæ Ludovico XIV factæ* (10 et 24 nov. 1648).

Approuvée par le Congrès général des nations, la cession fut soumise en outre à la ratification de la Diète.

Le 17 Novembre 1758, un arrêt régulier du Conseil d'Alsace mit Louis XIV et ses successeurs en possession réelle et actuelle saisine et jouissance de tous droits de propriété, seigneurie et juridiction que l'Empire et la maison d'Autriche avaient à Brisach, Landgraviat de Haute et Basse Alsace, Sundgau et Préfectures des dix villes, cela avec le concours des Etats d'Alsace ; cet arrêt en prononce l'incorporation définitive au domaine de la couronne ; les magistrats se transportèrent dans les villes et tous lieux, y lurent et publièrent l'édit et reçurent le serment de fidélité de tous les sujets.

Strasbourg et Mulhouse ne faisaient pas partie de la cession consentie par l'Empereur à la France ; la République libre de Strasbourg, qui élisait ses magistrats et battait monnaie (comme Colmar et Haguenau) proposa par ses prêteurs des articles de réduction volontaire à l'obéissance de Louis XIV (30 Septembre 1681).

Déjà le 22 Mars 1680, un arrêt du Conseil d'Alsace, séant à Brisach, avait décidé la réunion de la Basse Alsace, Satrapie royale de Haguenau, Chapitre et Evêché de Wissembourg et de toutes leurs appartenances.

Ces arrêts n'étaient pas de vaines formalités, le Conseil d'Alsace, succédant à l'ancienne régence d'Autriche, avait une réelle indépendance : il se composait moitié de conseillers de langue française moitié de conseillers de langue allemande, irrévocables et inamovibles, dont la résistance à l'arbitraire de ministres sut prouver la complète liberté, le cas échéant.

L'Alsace avait du reste conservé son autonomie : jusqu'en 1673 l'administration de cette province fut dans les attributions du Secrétaire d'Etat des Affaires Etrangères, puis elle passa dans celles du Ministre de la Guerre.

Toutes les villes conservèrent leur organisation municipale, avec droit de rendre la justice, il y avait 128 tribunaux autochtones en Haute Alsace et 155 en Basse Alsace.

La religion Luthérienne était reconnue en Alsace. L'organisation ecclésiastique catholique y avait subsisté telle quelle ; certaines paroisses relevaient de l'Evêque de Spire, qui n'avait point d'official en France ; d'autres relevaient de l'Archevêque de Besançon par l'Evêché de Bâle ou par celui de Strasbourg.

Il y avait un tribunal de rabbins. Strasbourg possédait un Directoire (juridiction libre).

La justice pour les 10 villes impériales, Décapole, se rendait à Landvogtag.

Jamais le committimus ne fut exercé en Alsace qui conserva ses franchises, ses lois et coutumes particulières.

Les traités de Westphalie furent ratifiés en ce qui concerne l'Alsace, par celui de Nimègue (5 Février 1679) où toutefois Philippebourg fut échangé contre Fribourg et celui de Ryswich (30 Octobre 1697), par lequel la France restitua Fribourg et Brisach.

On peut donc affirmer que rien ne fut plus régulier et plus conforme à tous les principes et usages du droit des gens alors en vigueur que l'annexion de l'Alsace à la France.

Quant à la République de Mulhouse, qui jamais ne fut rattachée par aucun lien à l'Allemagne, elle se donna volontairement à la France par le traité du 28 Janvier 1798. (1).

Et voilà comment cette province, de sang et de traditions à demi germaniques, devint en quelque temps un rameau moralement inséparable de la France.

En éveillant au cœur des Alsaciens le sentiment du patriotisme français, la France avait prouvé sa puissance d'attraction et d'assimilation. Mais renouveler l'expérience avec d'autres pays d'Europe situés en dehors de ses frontières naturelles était une tentative risquée qui menaçait de lamentablement échouer.

C'est ce que ses grands diplomates comprirent et c'est ce qui les amena à vouloir faire de la France un modèle de paix pour l'Europe.

« Ce n'est plus le temps des conquêtes, dit d'Argenson.... La France a de quoi se contenter de sa grandeur et de son arrondissement. Il est temps enfin de commencer de gouverner après s'être occupé d'acquérir de quoi gouverner ». (2).

De son côté Vergennes écrit, dans un rapport à Louis XVI, « La France constituée comme elle est, doit craindre les agrandissements bien plus que les ambitionner..... Si votre Majesté s'occupe avec assiduité à rétablir l'ordre intérieur de ses affaires domestiques, elle dirige sa politique à établir l'opinion que ni la soif d'envahir, ni la moindre vue d'ambition n'effleurent son âme et qu'elle ne veut que l'ordre et la justice, son exemple fera plus que ses armes. La justice et la paix régneront partout et l'Europe entière applaudira avec reconnaissance à ce bienfait qu'elle reconnaîtra tenir de la sagesse, de la vertu et de la magnanimité de Votre Majesté ».

(1) *Étude sur l'Alsace*, par Léon de Monthie, dans "Les Etats-Unis d'Europe", de Août 1892.
(2) D'Argenson, *Mémoires I*, p. 29.

§ III. — *Rousseau et Kant.*

Rousseau fera faire à la France un pas de plus, un pas décisif. Ce qu'il enseigne en effet dans sa théorie du *Contrat social*, ce n'est pas seulement, comme les autres philosophes de bon sens, la modération et la mesure dans l'usage du droit de conquête, mais bien la négation absolue de ce droit de conquête. Le premier des philosophes modernes, il proclame le droit absolu des nations à se gouverner elles-mêmes. Dans le *Contrat Social*, il oppose le principe de la souveraineté populaire à la théorie du droit divin. D'après lui la société ne repose pas sur une hiérarchie, produit de la conquête, ayant à sa tête un roi tout puissant délégué de Dieu ; elle repose sur un pacte conclu entre les citoyens d'un même pays, pacte qui a pour condition la stricte observation de la justice.

Chaque citoyen, dans l'intérêt général, fait l'abandon d'une partie de sa liberté. Chacun s'engage à respecter les droits du voisin, à condition que le voisin respectera à son tour ses propres droits.

L'Etat n'est qu'une délégation de l'ensemble des citoyens, qui a pour mission d'assurer, par l'imposition de la loi, l'égalité juridique des citoyens et le respect des droits de chacun.

Les ennemis de Rousseau, les partisans des vieux abus, des vieux privilèges accumulés par des milliers de siècles de banditisme et de crime, croient triompher facilement de Rousseau en prétendant que pareil pacte n'a jamais été conclu de façon expresse. Mais, comme nous avons essayé de le montrer, si les premières sociétés ont pu s'établir, durer et se développer, ce ne fut que par l'observation plus ou moins consciente d'un contrat tacite, par lequel chaque membre du groupement social s'engageait à ne pas opprimer, à ne pas exploiter, à ne pas mutiler les autres membres du corps social, à les respecter dans leurs personnes et dans leurs biens. Les sociétés qui

mirent l'injustice à leur base et qui firent du droit de
conquête, de l'esclavage et des classes les éléments
de leur constitution étaient appelées, devant la
révolte des opprimés et les progrès de la démocratie,
à s'écrouler comme des châteaux de cartes. Histori-
quement fausse, la théorie du contrat de Rousseau
n'est pas moins la vérité. Les idées que le philosophe
génevois a préconisées étaient vieilles comme le
monde, aussi vieilles que l'injustice contre laquelle il
partait en guerre.

Le *Contrat Social* n'était que l'aboutissant de la
longue lutte pour le droit qui avait commencé aux
aurores de l'humanité et qui s'était poursuivie
triomphante avec Bouddha, les philosophes Grecs, les
juristes Romains, le Christ et la Renaissance. Mais,
précisément parce que les idées de Rousseau n'étaient
autres que les vieux principes sur lesquels reposaient
les progrès de la civilisation, leur retentissement fut
immense, infini à travers le monde. Tous les esprits
affamés d'idéal, tous les cœurs assoiffés de justice
firent leur bréviaire du petit livre dans lequel le
philosophe génevois exprimait avec une clarté, une
précision et une éloquence inconnues jusqu'alors, le
vieux rêve de liberté, de paix, de sécurité et de bien-
être qui de tout temps avait été le noble tourment de
l'espèce humaine.

L'influence de Rousseau fut considérable en
France, où elle déchaîna la Révolution la plus
idéaliste dans ses principes, la plus profonde que
l'on ait jamais vue dans le monde.

Elle fut grande aussi en Europe où elle habitua
les meilleurs esprits à s'élever au-dessus des frontières de leurs États, et à concevoir la possibilité
d'une grande république humaine. La tyrannie et
la guerre en seraient abolies ; elle ne cesserait de
progresser par le respect des droits de tous par
chacun et de chacun par tous, autrement dit par la
stricte observation de la justice.

Cet enthousiasme fut surtout grand en Allemagne. Schiller qui se vantait de devoir à Rousseau le meilleur de ses idées s'écriait :

« J'écris comme un citoyen du monde. J'ai de bonne heure perdu ma patrie pour l'échanger contre le vaste monde. Allemands, disait-il, ne cherchez pas à former une nation, contentez-vous d'être des hommes ».

Et Gœthe, qui lui aussi avait, pendant sa jeunesse, nourri pour Rousseau l'admiration la plus vive, écrivait plus tard :

« Chacun voulait absolument être humain. On ne s'occupait ni de gazettes, ni de nouvelles, notre affaire était d'apprendre à connaître l'homme ; quant aux hommes en général nous les laissions volontiers faire à leur tête ».

Mais l'homme qui s'assimila le mieux en Allemagne la doctrine de Rousseau et poussa ses principes jusqu'à leurs dernières conséquences, fut *Emmanuel Kant.*

Kant a démontré clairement, — et cela fait de lui notre grand maître — que la politique n'est que l'application de la morale. Il en résulte que l'on doit appliquer intégralement un régime de liberté, d'égalité, de fraternité. Une loi commune sera faite par tous ceux qui devront l'observer, elle sera consentie librement par tous ; chacun de ceux qui auront consenti à cette loi lui obéira ; il n'y aura pas de privilèges ; les associés s'obligent à la fois à se servir et à se respecter les uns les autres. C'est ainsi que la forme républicaine qui est établie sur ces principes est jugée indispensable par Kant ; c'est pour cela qu'il manifesta sa joie en apprenant la nouvelle de la Révolution française.

Mais si un peuple est formé par un groupe d'individus, les autres peuples aussi se composent d'êtres humains. Donc les peuples entre eux peuvent et doivent régler leurs relations mutuelles selon les mêmes principes que les individus entre eux.

Ainsi la paix sera fondée sur la liberté, sur l'égalité, sur la fraternité, en un mot sur la justice.

Et tout ce système de l'humanité future, tout ce jeu libre et harmonieux du droit et du devoir est basé sur l'autonomie de la personne humaine. Kant définit le devoir un « impératif catégorique » de la conscience qui nous oblige à considérer notre voisin non comme un moyen mais comme une fin, et il nous recommande d'agir de façon que notre conduite puisse être érigée en maxime universelle.

« Fais aux autres ce que tu voudrais qu'on te fît à toi-même, ne fais pas aux autres ce que tu ne voudrais pas qu'on te fît à toi-même » ; telle est la formule qui résume toute la morale.

Et cette règle s'applique aux individus comme aux États. Pas plus que Rousseau, Kant ne fait de distinction hypocrite entre les devoirs de l'homme particulier et ceux de l'homme agissant de concert avec un certain groupement. Ce qui est bon pour l'individu est bon aussi pour la société, ce qui oblige l'un oblige l'autre.

Pour lui, par conséquent, il n'y a point de guerre agressive que puisse excuser l'équilibre ou la raison d'État. Aussi dans son *Essai philosophique sur la paix perpétuelle* et dans son traité intitulé : *Doctrine du droit, idée d'une histoire universelle de la nature*, conçoit-il l'institution d'une fédération de républiques libres qui formeraient entre elles une alliance pacifique et dont toutes les relations seraient basées sur les règles de la morale et du droit.

Voici quelques-uns des principaux articles du projet de Paix perpétuelle :

ARTICLE I. — Nul traité de paix ne peut mériter ce nom s'il contient des réserves secrètes qui permettent de recommencer la guerre.

ARTICLE II. — Nul État, qu'il soit grand ou petit, ce qui est ici tout à fait indifférent, ne pourra jamais être acquis par un autre Etat, ni par héritage, ni par échange, ni par achat, ni par donation.

ARTICLE III. — Les armées permanentes doivent entièrement disparaître avec le temps.

ARTICLE V. — Aucun Etat ne doit s'ingérer de force dans la constitution ni dans le gouvernement d'un autre Etat.

ARTICLE VI. — On ne doit pas se permettre, dans une guerre, des hostilités qui seraient de nature à rendre impossible la confiance réciproque quand il sera question de paix.

§ IV. — *La Révolution française.*

Et cet espoir de voir la disparition de toute guerre n'est pas seulement, à la fin du XVIIIᵉ siècle, un rêve de philosophe. Les diplomates eux aussi, du moins en France, commencent à comprendre, selon le mot de Talleyrand, que « la richesse réelle consiste non à envahir les domaines d'autrui mais bien à faire valoir les siens ».

Ces idées étaient devenues tellement courantes que les littérateurs mêmes s'en font l'écho :

« La France, dit Rivarol, qui a dans son sein une subsistance assurée et des richesses immortelles agit contre ses intérêts, méconnaît son génie quand elle se livre à l'esprit de conquête. Son influence est si grande dans la paix et dans la guerre que toujours maîtresse de donner l'une ou l'autre, il doit lui sembler doux de tenir dans ses mains la balance des empires et d'associer le repos de l'Europe au sien. Par sa situation elle tient à tous les Etats ; par sa juste étendue elle touche à ses véritables limites. Il faut donc que la France conserve et soit conservée : ce qui la distingue de tous les peuples anciens et modernes ». (1)

---

(1) Rivarol. *Discours sur l'universalité de la langue française*, 1783.

Ainsi donc à la fin du xviii° siècle les théories des philosophes sur la souveraineté des Etats et l'autonomie de la personne humaine, sur l'intérêt bien entendu qui condamne les accroissements excessifs et sur la folie des conquêtes démesurées, concouraient à pousser la France, suivant la belle parole de Michelet, à déclarer la paix au monde ; une paix véritable fondée sur le respect des droits de chaque Etat et sur l'harmonie de leurs divers intérêts.

Comme le fait judicieusement remarquer Albert Sorel, « la théorie, par une rencontre rare, conclut ici comme l'expérience. Ce que l'intérêt bien entendu, la prudence, la réflexion suggèrent aux politiques les plus prévoyants de l'ancien régime, la raison pure l'ordonne aux législateurs idéalistes de la Révolution. Le premier de leurs principes c'est la souveraineté du peuple ; il a pour corollaire le droit des nations à disposer de leur sort ».

« Les trocs d'Etat, avait écrit Mirabeau dans son livre sur la monarchie prussienne (t. VI, livre VIII, Conclusion), ne sont pas moins iniques que les arrondissements. C'est un acte de violence et de tyrannie que d'exécuter de tels échanges sans consulter les habitants ». Tout le droit des gens de 1789 se résume dans cette phrase. Appliqué loyalement, ce principe suffit à prévenir tous les abus de la conquête ; mais c'est la conquête même que l'on prétend prévenir. Les intentions peuvent changer, la sagesse pratique et les conseils de l'empirisme ne constituent point des garanties absolues, il faut à la politique d'un grand Etat « des principes simples et incontestables » (Préambule de la constitution de 1791), des maximes péremptoires, des engagements inviolables : les législateurs de 1789 seront conduits à transformer en décrets solennels les propositions de Vergennes et à faire de la renonciation aux conquêtes les lois fondamentales de l'Etat », (1).

---

(1) Sorel. *L'Europe et la Révolution*, Ch. I, p. 318.

Nous lisons en effet dans la constitution de 1791, titre IV, cette déclaration solennelle :

« La Nation française renonce à entreprendre aucune guerre dans la vue de faire des conquêtes, et n'emploiera jamais ses forces contre la liberté d'aucun peuple ».

(Décret du 22 Mai 1790, art. 4, Constitution de 1791, Titre VI).

Pour la première fois dans le monde, une nation avait eu le courage de reconnaître publiquement l'iniquité de la conquête, l'inanité de la raison d'État, l'hypocrisie des deux morales. Le premier de tous, le peuple français avait eu la gloire de s'engager publiquement à ne se laisser guider dans les relations internationales que par les principes de morale. Le geste était beau. On en attendait, en Europe, des résultats grandioses.

« L'influence, dit Mirabeau, tôt ou tard irrésistible d'une nation forte de 24 millions d'hommes parlant la même langue et ramenant l'art social aux notions simples de liberté et d'équité, qui, douées d'un charme irrésistible pour le cœur humain, trouvent dans toutes les contrées du monde des missionnaires et des prosélytes, l'influence d'une telle nation conquerra sans doute l'Europe entière à la vérité, à la modération, à la justice, mais non pas toute à la fois, non pas en un seul jour, non pas en un seul instant ». (1).

Par quelle fatalité la France qui avait pris une si belle et si glorieuse initiative que celle de « décréter la paix du monde », fut-elle amenée à devenir infidèle à ses principes ? Pourquoi fut-elle amenée à retomber dans les erreurs du passé, à reprendre la vieille tradition interrompue de guerre de conquête et à promener pendant plus de vingt ans ses étendards victorieux sur tous les pays de l'Europe ?

_____

(1) Mirabeau, *Discours du 25 Août 1790*, Moniteur, T. V. p. 480.

« Le meilleur ne saurait vivre en paix, dit un proverbe allemand, si cela déplaît à son méchant voisin ».

La nouvelle France de 89 allait en faire la douloureuse expérience. Les peuples ne comprirent pas tout de suite la beauté et la bonté de la parole de paix que la Révolution française leur apportait. D'ailleurs, les peuples dans la plupart des pays de l'Europe étaient encore trop esclaves pour oser faire entendre leur voix.

Quant aux princes, les descendants des anciens usurpateurs qui avaient eu la folle prétention de fonder une société durable sur l'injustice, sentant leurs privilèges menacés, ils se liguèrent contre la France, et par la voix de Brunswick ils menacèrent Paris, qui osait être un foyer de justice et de liberté, d'une « subversion totale ». (Voir manifeste de Brunswick).

De tous côtés la France eut à soutenir des assauts terribles. Forte de son droit, forte de la justice dont elle était le représentant sublime, elle mit sur pied plus de vingt armées, fit face à tous ses ennemis, les repoussa en dehors de ses frontières et se mit à les poursuivre jusque dans leurs repaires.

C'est alors que la guerre, de défensive qu'elle était, devint offensive.

Exaspérés de la lâche agression dont ils avaient été l'objet, de l'injustice qu'ils avaient subie, les Français rêvèrent de détrôner tous les tyrans et d'émanciper tous les peuples. Ils se mirent à tuer par amour. Pareille aventure était arrivée déjà au christianisme. Les conquêtes de la Révolution ressemblent aux croisades. C'est le même prosélytisme, le même amour de l'humanité, le même ardent enthousiasme qui les anime. Pas plus que les Croisés de Godefroy de Bouillon les soldats de Kléber, de Hoche et de Marceau ne s'aperçurent que les idées de fraternité et de liberté n'avaient rien à gagner de

la violence. Et, fatalement, l'emploi de la force brutale, de la propagande armée amena un recul de
l'idée.

Napoléon, en qui Taine voit le type presque parfait
du condottiere de génie, tourna toutes ces forces
déchaînées vers la satisfaction de son ambition dé-
mesurée. Paraissant continuer la Révolution, sans
que la France s'en doutât, sans qu'elle y prît garde,
il la ramena à la politique de conquêtes, et rétablit
pour un temps en Europe le règne de la force brutale.

Mais ce puissant destructeur, malgré son génie,
bien qu'il fût le plus grand des généraux des temps
modernes et peut-être de tous les temps, bien qu'il
remportât victoire sur victoire, devait voir nécessairement crouler sa puissance fondée sur la violence,
sur la négation du droit et de la morale. Sa chute fut
profonde autant que son élévation avait été rapide.
Deux fois les alliés entrèrent à Paris. Et quand le
colosse fut définitivement exilé à Sainte-Hélène et
hors d'état de nuire à ses ennemis, il laissa la
France plus pauvre, plus petite que ne la lui avait
léguée la République.

Heureusement l'idée est immortelle et Napoléon
ne put entraîner dans sa chute l'idéal moral de la
France. Cet idéal, la France en avait enflammé le
cœur de tous les hommes, et, comme autrefois les
Grecs avaient fait de Rome, elle vainquit ses farouches vainqueurs.

« La France fit mieux que de vaincre l'Europe,
elle la convertit. La civilisation française qui avait
préparé les victoires des armées y survécut. Elle
avait percé les avenues par lesquelles nos armées
s'élancèrent en Europe ; nos armées en se retirant
ouvrirent à la Révolution française des routes plus
larges et plus profondes. Victorieux jusque dans leurs
défaites les Français gagnèrent à leurs idées les
nations mêmes qui s'étaient révoltées contre leur

domination. Ils ne cessèrent de bouleverser par leur politique les vieilles frontières, de transformer par leurs principes les anciennes lois. Les princes les plus hostiles, les plus ardents à refouler la Révolution en France afin de l'y écraser d'un seul coup, virent en revenant de leur croisade cette révolution germer, pour ainsi dire, dans le sol de leurs Etats labouré si longtemps par les armées françaises et fécondé de leur sang. La Révolution française ne cessa d'être une cause de lutte entre la France et l'Europe que pour engendrer sur le continent une révolution politique et sociale qui a changé en moins d'un demi siècle la face du monde européen ». (1).

§ V. — L'Evolution du Droit.

Cependant, aux xvie et xviie siècles l'étude du droit des gens se développe. *Albéric Gentili* publie ses *Commentationes de jure belli*, puis *De legationibus*, dans lesquels il soutient, et il est des premiers à le faire, que les Etats doivent régler leurs relations d'après des principes juridiques.

Il dit dans ses *Commentationes :*

« Le droit naturel est le fondement, la base même du droit des gens... La guerre ne doit avoir pour objet que la défense et la revendication des droits publics, mais non pas l'inimitié aveugle ou l'arbitraire de quelques-uns ; elle doit être juste dans ses moyens et dans son but exclusif: celui de la paix... L'homme n'est pas ennemi de l'homme de par la nature, mais il le devient surexcité par de mauvaises passions ». Et plus loin : « Tout ce qu'il y a de divin et d'humain dans le monde, c'est une grande unité. Ce grand corps, c'est l'humanité tout entière dont nous sommes les membres... Nous devons nous considérer comme des égaux devant le bien et

(1) Sorel, *L'Europe et la Révolution*, T. I, p. 549.

devant la nature, et nous aimer les uns les autres ».

Francisco Suarez développa la même thèse dans son traité : *De legibus ac de legislatore.*

En 1583 naquit Hugues Cornets de Groot, connu sous le nom de *Grotius.* Les horreurs de la guerre de Trente ans l'amenèrent à publier à Paris, en 1625, son *De jure belli ac pacis* et un mémoire intitulé : *Mare liberum.* Il fit voir au monde l'image sublime d'un droit basé sur la nature humaine, sur les préceptes des sages et des grands citoyens de toutes les époques, il chercha à rappeler à l'humanité ses devoirs et à lui enseigner la modération. (1).

Le successeur de Grotius, *Puffendorf,* soutint que le droit national et le droit international ne sont point restreints à la chrétienté, mais sont un lien entre toutes les nations, de quelque religion qu'elles soient, parce que toutes les nations font partie de l'humanité.

Le pouvoir des papes avait reçu une grave atteinte à la suite de la Réforme. Cette révolution religieuse devint la cause de nombreux conflits. Le dernier fut la terrible guerre de Trente ans, qui devint vite elle-même une guerre politique destinée à abaisser la maison d'Autriche. Cependant le droit de légation ou d'ambassade se précise, tandis que les Etats sont définitivement constitués et que les guerres privées disparaissent pour toujours.

Ce nouvel état de choses inspira aux monarques de nouvelles manières. Les théories alléchantes de Machiavel, les troubles des guerres de religion, le péril turc, achevèrent d'affoler les rois, et leur firent oublier jusqu'aux plus élémentaires politesses internationales qu'ils avaient respectées jusqu'alors. L'Armada part en guerre contre Elisabeth sans déclaration de guerre ; et le Duc de Buckingham s'embarque contre la France sans prévenir personne. Mais, à la

(1) Voir Bluntschli, *Droit international codifié.*

fin du siècle, l'usage reparaît. Et il semble à l'Angleterre en 1557, à l'Espagne en 1562, à Henri IV
en 1595, que ce soit bien un acte honorable, un beau
geste que d'envoyer leurs griefs à l'ennemi. Il faut
mentionner que les généraux de Henri IV allaient
jusqu'à prévenir les gouverneurs des provinces qu'ils
allaient envahir. On n'osait pas attendre un geste
moins noble de la part d'un roi qui rêve de paix
universelle. Son Ministre, Sully, développe, en effet,
dans un travail intitulé : *Mémoires des sages et
royales économies d'État*, le projet d'une nouvelle
répartition des peuples et des puissances de l'Europe,
dans le but d'aplanir pacifiquement et sans le concours des armes, les difficultés qui surgissaient entre
les nations chrétiennes. Peut-être a-t-on même pu
entrevoir un instant la réalisation prochaine d'un tel
projet, au moment où l'Angleterre, la Hollande et
les États pontificaux déclarèrent qu'ils acceptaient la
proposition du Roi de France, et où les autres puissances semblèrent disposées à donner le même acquiescement.

Toutefois, nous ne pouvons pas croire vraiment,
aujourd'hui, à la valeur de ce projet. Une seule
chose montre qu'il eut son importance : le Traité de
Westphalie. Celui-ci fut une première application
du principe de l'équilibre européen, principe qui
suscita de nombreux conflits internationaux au
xvii° siècle et au xviii° siècle. La négociation de ce
traité fut une « nouveauté ». Jamais, jusqu'alors,
les représentants des nations européennes ne s'étaient
réunis pour examiner en commun leurs différends
et leurs intérêts ; jamais ils n'avaient pris de décisions obligatoires pour tous. Pour la première fois,
l'idée de la solidarité internationale, l'existence d'une
société juridique des États sont envisagées, constatées,
consacrées. L'égalité des États est reconnue. C'est la
véritable naissance du droit international positif.

Avec le xvii° siècle apparaît une nouvelle organisation, celle de la diplomatie. Constitué régulièrement et fonctionnant, cet ordre a pour condition même de son existence une législation internationale. Il a de plus le grand avantage de pouvoir faire ce qu'il veut. Il ne tient qu'à lui que les rapports entre États soient justes et pacifiques. Malheureusement il ne fait qu'obéir aux ordres des rois qui, eux, gouvernent suivant leurs amitiés ou leurs haines, leur ambition ou leur cupidité ; et les diplomates ne font que joindre à ces ordres toute l'immoralité et toute l'hypocrisie dont les hommes peuvent être capables lorsqu'ils veulent malgré tout arriver à leurs fins. Dans ces conditions, ils ont rarement fait œuvre durable ; leurs traités ont été souvent remaniés ; ils n'étaient signés que pour être le prétexte de nouvelles guerres.

La déclaration de guerre trop souvent oubliée par le xvi° siècle, insouciant, hâtif, brutal, l'est encore quelquefois au début du xvii° siècle, pour être finalement complètement dédaignée. Le dernier cas de dénonciation solennelle remonte à l'année 1657, où Charles X de Suède attaqua le Danemark. Mais ces cérémonies sont remplacées par des manifestes imprimés, qui informent le public en même temps que le monarque et qui paraissent souvent après l'ouverture des hostilités. Ils ne servaient plus qu'à se justifier aux yeux des pays voisins. La France de Louis XIV fut d'ailleurs, de l'avis général, la nation qui mit dans la publication de ces manifestes le plus de régularité et de délicatesse.

Depuis le traité de Westphalie, l'équilibre européen fut constamment menacé par les visées ambitieuses de Louis XIV. Celui-ci, après Nimègue, sentit le besoin de développer ses forces maritimes. Il entreprit dans ce but la codification de toutes les ordonnances anciennes qu'il rassembla sous le titre déjà connu de *Consulat de la mer*.

De grands juristes allemands parmi lesquels

Thomassius s'inspirent de Puffendorf ; à la même école appartiennent aussi Barbeyrac et Burlamaqui.

Mais au xviiie siècle les juristes arrivent en grand nombre. C'est d'abord une réaction énergique, forte mais sage contre le droit naturel, encouragée par Wolff dans son *Jus naturalis* et par le suisse Vattel dans son *Droit des gens ou principes de la loi naturelle...*, de 1758. Vattel considère que les enfants, les femmes et les vieillards appartiennent au vainqueur ; gentiment, il ajoute que ce n'est d'ailleurs pas une raison pour les massacrer. Grâce à la publication de conventions internationales dues surtout à l'initiative de Leibnitz, l'école positiviste eut de dignes successeurs en Zouch et Rachel. Gaspard de Réal et Moser ont fait des ouvrages très documentés, mais où manquent des déductions, la pensée personnelle de l'auteur, une conclusion. Bientôt cessa l'opposition entre l'école naturelle et l'école positiviste, et leur union, réalisée par G. F. de Martens, donna au droit des gens une forme scientifique, une intelligence des faits historiques qui en font dès lors une institution solide, efficace et que les souverains seront forcés de prendre en considération au cours du xixe siècle.

Pendant que les juristes se livraient à ces tentatives, les philosophes, en grande majorité, condamnaient la guerre, et les monarques faisaient du xviiie siècle un des plus belliqueux : 47 guerres de 1700 à 1799. La guerre était un instrument de règne.

Il n'y avait d'ailleurs plus aucune règle, aucune coutume ; la loi générale est la surprise et le guet-apens. L'Angleterre qui retira tous les avantages des guerres de cette époque se montra fort amateur de cette désinvolture immorale et grossière. La Ligue des Neutres ne réussit pas à l'affaiblir, la Révolution ne put l'atteindre, et Napoléon lui devra sa perte.

Dans un milieu semblable on ne peut guère espérer un emploi fréquent de l'arbitrage. On en

trouve cependant quelques rares traces au courant du
siècle ; un traité, seul, marque fortement son em-
preinte, c'est celui du 19 novembre 1794, signé entre
l'Angleterre et les États-Unis. Il est très net sur le
principe même de l'arbitrage, très précis quant à sa
procédure : c'est le premier.

Au milieu de cette mêlée des monarchies rivales,
despotiques, orgueilleuses et impatientes de tout
frein, une voix s'est élevée, idéale, et a repris le
projet de Henri IV, en vue d'instituer une paix
universelle. En 1729, *l'abbé de Saint-Pierre* prêche
la nécessité de convoquer un Congrès général de
représentants des puissances européennes, qui devait
réunir ces puissances en un tout indivisible. Toutes
ces puissances contribueraient à alimenter la caisse
destinée à entretenir le Tribunal international et
l'armée appelée à exécuter ses décrets.

Le scepticisme de Voltaire n'atteignit en rien la
valeur de ce projet, et il n'éclaboussa pas non plus
les rêves de Rousseau, ni la pondération humanitaire de Montesquieu.

En résumé, le xviiiᵉ siècle nous donne un triste
exemple d'immoralité diplomatique et un regrettable
tableau de frivolité guerrière. Il nous donne un
grand espoir, d'autre part, en ayant fait éclore le
premier traité d'arbitrage sérieux ; et la graine de
fraternité et de justice, semée par les philosophes de
génie qui l'ont traversé est appelée à germer quelque
jour très proche. Un jeune peuple, les États-Unis
d'Amérique, moral, libre, énergique, entraîné par
un grand chef, va travailler dès son apparition à la
croissance de l'idée de paix. « Mon dernier vœu, dit
Washington, est de voir la guerre, cette plaie de
l'humanité, bannie de toute la terre ».

CHAPITRE IV

Le XIXᵉ Siècle

Le XIXᵉ siècle marque un progrès considérable de la morale internationale. Les deux caractéristiques essentielles de ce siècle sont : les progrès énormes de la science qui devait fatalement resserrer les liens de solidarité de toutes les nations du globe ; et, en politique, la reconnaissance du principe des nationalités, affirmé pour la première fois au monde d'une façon solennelle par les indications de la Révolution française. Principe dont le corollaire logique devait être la négation absolue du droit de conquête et l'affirmation de la nécessité de l'arbitrage permanent, obligatoire et général parmi les peuples.

Malheureusement, en dépit des progrès de l'intelligence humaine, les hommes du XIXᵉ siècle ne sont pas plus que leurs ancêtres parvenus à dépouiller complètement le vieil homme, à museler la brute qui sommeillait en eux, et à comprendre l'erreur du banditisme.

Nous avons vu comment les hommes de la Révolution en étaient venus à renier leurs propres principes, et comment la guerre contre l'Europe, à l'origine purement défensive, les avait amenés à faire au dehors des frontières françaises, une guerre de propagande et plus tard de conquêtes ; une guerre qui, glorieuse d'abord, avait agrandi la France au-delà de toute raison, et devait ameuter par cela même contre Napoléon le vieux continent tout entier et

conduire au démembrement de son empire. Pendant
tout le cours du xixᵉ siècle la lutte se poursuit, farouche, incessante, entre le droit et la force, l'association
et la dissociation, la civilisation et la barbarie, entre
les principes de Bouddha, des philosophes grecs,
du Christ, des juristes romains et des légistes du
Moyen-Age, des philosophes du xviiiᵉ siècle et de la
Révolution française d'une part ; et d'autre part
ceux des primitifs, des conquérants et des partisans
de la raison d'État, les Gengis-Kkan, les César, les
barbares germains, les Machiavel et les diplomates
de l'ancien régime.

Tandis que l'idéal de justice continuait à trouver
en France ses plus ardents défenseurs, l'idéal
d'oppression et d'impérialisme trouvait sa terre
d'élection en Allemagne.

Nos plus grands écrivains, les Renan, les Taine et
les Michelet en étaient restés à la conception d'une
Allemagne rêveuse, sentimentale, idéaliste, l'Allemagne de Kant, de Gœthe et de Schiller, telle que
nous la dépeignait Mme de Staël. Une autre Allemagne s'élaborait, positive, réaliste, fataliste, brutale
qui ne se contentera pas de l'idéal excellent et
raisonnable de faire son unité, mais qui fatiguée de
jeûner depuis de longs siècles n'aura aucun scrupule, dès qu'elle sera la plus forte, à dévorer le
voisin. Le réveil de 1870 fut terrible ; l'Allemagne
qui se révéla alors au monde avait été préparée
depuis plus d'un demi-siècle par une légion de philosophes, de poètes, d'historiens et d'hommes d'État
qui tous avaient conspiré à l'envie pour justifier le
culte de la force brutale.

§ I. — Napoléon.

Il faut reconnaître que Napoléon avait été pour
eux un excellent maître.

On a pu soutenir sérieusement ce paradoxe :

Napoléon, qui avait fait mourir pour la satisfaction de son orgueil diabolique et de son insondable ambition tant de millions d'hommes, n'aimait pas la guerre ; s'il la fit, ce fut contraint par la nécessité. Son idéal aurait été la paix, et seuls de méchants voisins l'auraient empêché de le réaliser. (1).

On ne peut pas nier qu'à de certains moments, lorsque la passion n'obscurcissait pas son intelligence, Napoléon ait dû comprendre que la guerre était la plus féroce des sottises. Pour un tel génie, qui voulait laisser après lui œuvre durable, l'idéal n'est pas la destruction, même colossale, mais bien l'organisation, les progrès de la civilisation et l'augmentation de la richesse publique.

Il dit en 1797 : « Si la paix doit se faire c'est à moi de la faire ; si j'en laissais à un autre le mérite, ce bienfait le placerait plus haut dans l'opinion que toutes mes victoires ».

Il écrit à l'Institut : « Les vraies conquêtes, celles qui ne donnent aucun regret, sont celles que l'on fait sur l'ignorance ».

Il dit à Fontanes : « Il n'y a que deux puissances au monde, le sabre et l'esprit ; j'entends par l'esprit les institutions civiles et religieuses ; à la longue le sabre est toujours battu par l'esprit » (2).

Il parlait en ces termes au Corps législatif : « C'est au peuple le plus doux, le plus éclairé, le plus humain, de rappeler aux nations civilisées de l'Europe qu'elles ne forment qu'une même famille et que les efforts qu'elles emploient dans leurs dissensions civiles sont des atteintes à la propriété commune ». (3)

« Quand nous nous battons n'importe dans quel pays, déclarait-il en une autre circonstance, c'est la guerre civile que nous faisons ». (4).

(1) Voir Canton, *Napoléon antimilitariste.*
(2) *Sainte Beuve*, Portr. Litt. II, 207, 17 Septembre 1808.
(3) Moniteur, An XIII, *Pluviôse.*
(4) Liancourt, p. 147, *Paroles de Napoléon.*

A Sainte-Hélène il racontait à ses fidèles que sa grande idée avait toujours été le projet de créer une Association Européenne : « La paix de Moscou terminait les expéditions de guerre. C'était pour la grande cause la fin des hasards et le commencement de la sécurité... Le système européen se trouvait fondé ; il n'était plus question que de l'organiser... J'aurais eu mes congrès et ma Sainte Alliance... La cause du siècle était gagnée, la Révolution accomplie... Or, cet ouvrage m'appartenait ; je l'avais préparé de longue main aux dépens de ma popularité même... Je devenais l'arche de la nouvelle et de l'ancienne alliance, le médiateur entre l'ancien et le nouvel ordre de choses ». (1).

Il avait, déclarait-il, le projet « de rassembler tous les princes de la maison impériale, surtout ceux des branches qu'il avait élevées sur des trônes étrangers. Destinés, disait-il, à régir diverses nations, les enfants auraient puisé là, dans une étude commune, des mœurs pareilles et des idées semblables. Pour mieux faciliter la fusion et l'uniformité des parties fédératives de l'empire, chacun de ces princes eût amené du dehors avec lui 10 ou 12 enfants plus ou moins de son âge et des premières familles du pays. Quelle influence n'eussent-ils pas exercé chez eux au retour... Je ne doutais pas, continuait l'empereur, que les princes des autres dynasties étrangères à ma famille n'eussent bientôt sollicité de moi-même comme une grande faveur d'y voir admettre leurs enfants ; et quel avantage n'en serait-il pas résulté pour le bien-être des peuples composant l'association européenne ». (2).

« Je voulais préparer, disait-il encore, la fusion des grands intérêts européens, ainsi que j'avais opéré celle des partis au milieu de nous ».

(1) *Mémorial, 24 Août 1816.*
(2) *Mémorial de Sainte-Hélène*, II, 134.

Il passait en revue ce qu'il proposait pour la prospérité, les intérêts, la jouissance et le bien-être de l'association européenne.

Il eut voulu les mêmes principes, le même système partout, un code européen, une cour de cassation européenne, une même monnaie avec des coins différents, les mêmes poids, les mêmes mesures, les mêmes lois... L'Europe n'eût bientôt fait de la sorte véritablement *qu'un même peuple* et chacun en voyageant partout se fut trouvé toujours dans *la patrie commune*.

Il eut demandé toutes les rivières navigables pour tous, la communauté des mers, que les grandes armées permanentes fussent réduites désormais à la garde des souverains. (1).

Il eut voulu, s'il avait été contraint de conserver une forte armée en temps de paix, l'employer aux travaux publics... Il eut voulu avoir dans chaque régiment une école pour le commencement ou la continuation de l'enseignement de tous les genres. (2)

« Mes loisirs et mes vieux jours eussent été consacrés, en compagnie de l'impératrice et durant l'apprentissage royal de mon fils, à visiter lentement et en vrai couple de campagnards, avec nos propres chevaux, tous les recoins de l'empire, recevant les plaintes, redressant les torts, semant de toutes parts les monuments et les bienfaits ».

« Une de mes grandes pensées avait été l'agglomération des mêmes peuples géographiques, qu'ont dissous, morcelés, les révolutions et la politique. Ainsi, l'on compte en Europe, bien qu'épars, plusieurs millions de Français, quinze millions d'Espagnols, quinze millions d'Italiens, trente millions d'Allemands. J'eusse voulu faire de chacun de ces peuples un seul et même corps de nation. C'est avec

---

(1) *Mémorial*, 24 Août 1816.
(2) *Mémorial*, 15 Novembre 1816.

un tel cortège qu'il eut été bien de m'avancer dans la postérité et la bénédiction des siècles. Je me sentais digne de cette gloire ».

Napoléon a-t-il voulu duper la postérité ? Le tyran, qui avait plus de 15 ans fait trembler l'Europe, veut-il se présenter à nous comme une victime et violenter le jugement de l'histoire après avoir violenté ses contemporains ? « Comediante, tragediante », a dit de lui le pape Pie VIII dans un vigoureux raccourci qui dépeint jusque dans ses profondeurs les plus cachées tout un caractère. La tragédie finie, voudrait-il jouer devant nous un rôle indigne de lui ? M. Canton qui a consacré toute une étude à "Napoléon antimilitariste" ne le croit pas. Il fait remarquer que Bonaparte était à peine un Français mais surtout un cosmopolite. Il n'aimait pas la France qui lui avait enlevé sa patrie.

A l'école militaire il se considérait comme un étranger : « Je ferai à tes Français tout le mal que je pourrai », disait-il à Bourrienne.

Si plus tard il en vint à avoir pour la France un attachement véritable, il n'aima jamais notre pays pour lui-même, mais uniquement comme l'instrument de ses conceptions grandioses et de ses rêves démesurés. Né dans une île, la mer lui avait donné le sens de la grandeur et de l'immensité. De bonne heure l'Europe lui apparut une taupinière. Son ambition était de créer avec tous les Etats de l'Europe une immense fédération dont il aurait été le chef et à laquelle il aurait donné une énorme prospérité.

Quand on songe à Napoléon on ne remarque que ses exploits guerriers ; on ne prête pas une attention assez forte à ses actes de paix. Le tyran ne s'est pas contenté de détruire des millions d'hommes et d'agrandir démesurément son empire par simple droit de conquête. Il a voulu se faire excuser ses annexions violentes en comblant le pays conquis de toutes sortes de bienfaits. Loin de les exploiter à son profit, il les met avec les autres provinces de France sur un pied absolu d'égalité : il accorde la législation civile française aux États annexés ; il fait partout exécuter des travaux, dans les villes de Hollande, de Belgique, d'Italie et jusqu'en Illyrie. Anvers lui doit une grande partie de sa prospérité. Ses conquêtes étaient la préface du système européen. Le premier de tous les souverains il avait prouvé, par la seule réunion de soldats de plus de 20 nations au sein de son armée, que l'agglomération des peuples de l'Europe est possible.

Aussi lorsqu'il nous dit que l'établissement d'une Confédération pacifique de l'Europe avait toujours été son rêve, que la méchanceté de ses ennemis l'a seule empêché de la réaliser, on peut le croire. En tout cas, « si pour vivre dans l'avenir il a tenu à paraître tel, c'est sans doute que ses conceptions pacifiques et fraternelles avaient à ses yeux une valeur d'idéal ». (1).

Il est bien évident que tout n'est pas mauvais dans l'œuvre de Napoléon et que tout ce qui, dans ses pensées et dans ses actes, a pu contribuer à développer l'organisation de l'Europe, lui survivra.

Mais, en admettant la bonté de ses intentions, il n'en reste pas moins qu'il a commis comme tous les conquérants cette erreur grossière : qu'il pouvait faire progresser la justice par l'injustice et amener la paix par la guerre. Par son mépris transcendant de la vie humaine lorsqu'il s'agissait pour lui de réaliser son idéal, il a donné à l'humanité un très fâcheux exemple. Ce mépris de la vie humaine allait si loin que, général de brigade, il donna en guise de distraction à une amie le spectacle d'un combat sans utilité. A Dresde, en 1813, il dit à Metternich :

---

(1) Canton. *Napoléon Antimilitariste.*

« Un homme comme moi se f... de la vie d'un million d'hommes ».

C'est encore à Dresde qu'il dit : « Je perdrai peut-être mon trône mais j'ensevelirai le monde sous ses ruines ».

Après le désintéressement sublime qui poussait les hommes de la Révolution à proclamer les droits de l'homme et à souhaiter l'avènement de la fraternité universelle, Napoléon est responsable d'avoir, en déchaînant les appétits grossiers de toute une jeunesse à qui il servait d'idole et de modèle, fait rétrograder l'humanité vers la barbarie.

« Les miracles de ses armes, dit Châteaubriand, ont ensorcelé la jeunesse en apprenant à adorer la force brutale. Sa fortune inouïe a laissé à l'outrecuidance de chaque ambitieux l'espoir d'arriver où il est parvenu ». (1).

C'est à Napoléon et à ses guerres que nous devons l'introduction en Europe du militarisme et l'habitude donnée à ses généraux de considérer la guerre comme une industrie qui permettait de gagner, avec de gros risques sans doute, des fortunes énormes, des femmes, des croix, des titres de duc et jusqu'à des royaumes. Il a réveillé chez l'homme l'instinct atavique et purement animal du banditisme. Son époque et celle de ses généraux a fait reculer le monde, comme le dit Taine, « vers les formes inférieures et malsaines des vieilles sociétés militantes... vers les instincts égoïstes et brutaux, vers les sentiments, les mœurs et la morale de la cité antique et de la tribu barbare ». (2).

C'est pourquoi on peut considérer Napoléon, malgré tout le bien que volontairement ou involontairement il a fait, comme un génie néfaste dont l'exem-

(1) Châteaubriand, *Mémoires d'Outre-Tombe.*
(2) Taine. *Régime moderne*, I, p. 289.

ple et l'influence devaient être un poison violent
pour la génération qui allait lui succéder et s'inspirer
de ses principes.

§ II. — Le Darwinisme Social.

Après l'exemple de Napoléon, c'est la théorie du
darwinisme social qui a le plus contribué à réveiller
au XIXe siècle chez les dirigeants de l'Europe le
culte de la violence.

Nous avons essayé, au début de cette étude, d'ex-
poser cette théorie (dont Darwin n'est nullement
responsable), lorsque nous avons recherché les origines de la morale internationale.

Nous avons dit que ses partisans appliquaient à la
lutte sociale les procédés de la lutte biologique. Ils
croient la guerre fatale en vertu de la loi qui pousse
chaque être à s'agrandir selon sa puissance au risque
d'écraser et d'étouffer le voisin, et ils la croient utile
car elle amène une fusion des races, une fécondation
du vaincu par le vainqueur, et la floraison d'une
civilisation toute nouvelle. Pour eux la paix est donc
un état de stagnation qui ne peut être que nuisible
à la société.

Nous avons répondu que la lutte était inévitable
au sein des sociétés, mais que ses procédés étaient
absolument différents des procédés de la lutte biologique. Les partisans du darwinisme social ont le tort
selon nous d'oublier que la société repose sur l'association, sur la mise en commun et sur l'échange des
idées des hommes les mieux doués. Cet échange ne
peut se produire que grâce au travail et à la paix.

À notre époque, la guerre, qu'elle soit civile ou
étrangère, amène un état d'insécurité, de défiance et
de haine à l'égard de l'étranger, de dépression men-
tale bien peu favorable à l'invention et à l'échange
de nouvelles idées. Elle rompt le lien social, elle

n'est pas seulement un état de stagnation, mais elle provoque une régression véritable de l'humanité vers les formes primitives et brutales de la vie sociale.

Pourtant la philosophie du darwinisme social devait plaire aux philosophes et aux hommes d'État allemands, car elle allait leur servir à justifier leur nationalisme intransigeant réveillé par la conquête napoléonienne et qui allait prendre, au grand étonnement de la France et de l'Europe, les formes d'un impérialisme aussi ambitieux et encore plus dénué de scrupules que celui de Napoléon lui-même.

Comme nous l'avons déjà dit, la plupart des grands esprits de l'Allemagne, juristes, historiens, philosophes, hommes d'État concourent à la formation de cet idéal d'impérialisme qui trouva son incarnation dans la figure de Bismarck.

Les juristes allemands du XIXe siècle, comme le fait remarquer M. Fouillée, se plaisent à mettre en opposition la théorie individualiste du droit germanique et l'idée socialiste des peuples latins. De la formation du droit ils excluent toute finalité et toute intervention du libre jeu des facultés humaines. D'après eux le droit est l'enfant de la force, il a son origine dans le pouvoir de l'individu et il n'a de limite que l'étendue de ce pouvoir ; il dérive de la coutume et il se développe fatalement comme le ferait un organisme vivant, un arbre par exemple, qui du même tronc nourri par de vieilles racines pousse des branches et des feuilles nouvelles...

« A en croire Savigny, le droit n'est que le résultat des lois positives. Comme la langue, comme les mœurs, comme les institutions auxquelles il est indissolublement lié, le droit est « une force, une fonction du peuple ». Le « détail infini de la législation » se produit lui-même « d'une manière organique » sans intervention des libres volontés. Le droit, en un mot, n'est engendré partout que « par des forces intérieures et silen-

cieuses ». L'État qui l'incarne est « la manifestation
la plus haute de cette vie intérieure qui est la vie du
peuple ». Sur ces principes s'élève la religion et
l'histoire, qui aboutit chez beaucoup à la superstition
de l'histoire et par malheur de l'histoire fausse ». (1).

Pour ces mêmes juristes allemands la loi n'est que
la constatation d'une inégalité, et l'État a pour
mission principale de faire respecter par les masses
les privilèges conquis par une élite.

C'est faire de l'injustice, de l'oppression et du
banditisme la base des sociétés humaines.

« Tout droit existant et en vigueur, dit Ihering
dans un discours prononcé en 1876 pour célébrer
l'anniversaire de l'empereur Guillaume, est un
enfant de l'histoire et nous devons nous incliner
dans un sentiment de vénération devant la force
victorieuse, produit mystérieux des forces et des lois
morales qui donnaient les éclats les plus sauvages de
la guerre.

« ..... La puissance du vainqueur, voilà ce qui fait
et détermine le droit et c'est en reconnaissant ce
principe que la guerre peut prendre fin et la paix
revenir. C'est de cette manière que notre sentiment
juridique se concilie avec la dure loi de l'histoire ».(2).

La résignation devant le fait accompli, le respect
mystique, la vénération de la force brutale, quand le
triomphe est de leur côté, voilà donc la morale
qu'enseignent les plus grands juristes de la nation
allemande. Ils oublient qu'un homme ou qu'un
peuple, à moins qu'il ne soit mort, n'est vraiment
vaincu qu'autant qu'il croit l'être et que, pour obtenir
du vaincu cette acceptation sans conditions de
l'injustice, il faudrait lui enlever toute volonté de
vivre, tout espoir d'être à son tour le plus fort. A

(1) Fouillée, *Psychologie des peuples européens.*
(2) Ihering, *Macht ind Recht.*

fonder les droits de l'homme et des nations sur la force et non sur la justice, on justifie tous les armements, tous les appels à la violence et on ouvre une carrière illimitée à la guerre.

Pourquoi la Prusse elle-même se serait-elle révoltée contre Napoléon si elle n'avait cru que toute puissance reposant sur la force est fragile, et que le droit peut toujours compter sur une éclatante revanche ?

Les philosophes allemands auraient pu réagir contre ces théories si pernicieuses au point de vue social. Pour cela ils n'auraient eu qu'à marcher sur les traces du plus grand de leurs prédécesseurs Emmanuel Kant, qui avait proclamé d'une façon si impérative, à la veille de la Révolution de 1789, l'autonomie de la personne humaine et l'inviolabilité des peuples.

Mais, hélas, les Allemands arrivés assez tard au banquet de la civilisation, étaient encore hypnotisés par la force.

La gloire de Napoléon les éblouit, la voix du philosophe de Kœnigsberg se perd pour eux dans le fracas des canons. Après avoir maudit le vainqueur et s'être débarrassés de lui, ils ne songent qu'à l'imiter. Loin de tirer de la guerre et de toutes ses horreurs, la seule conséquence qu'elle comportait, à savoir qu'elle était une folie, les philosophes allemands, malgré les enseignements de l'épopée napoléonienne, la qualifièrent de divine.

Pour Hegel, — dont l'influence fut si grande en Allemagne, — chaque Etat est indépendant et souverain par rapport à tous les autres. L'affirmation la plus haute que l'Etat puisse donner de sa souveraineté c'est la guerre. Nulle part autant que dans le « réalisme de la guerre » l'Etat n'atteint son « idéalité ».

Car alors la vie et la propriété des citoyens se trouvent ouvertement subordonnées à la conservation de la « substance commune » qui est l'Etat. L'Etat représentant la force, il peut et doit user de la force pour se maintenir et s'agrandir. Hegel n'admet nullement, avec l'école française, des guerres en vue de la « civilisation », du « progrès », de la « justice », de « l'humanité » ; il n'admet que celles qui ont en vue l'intérêt de l'Etat menacé ou lésé. Quant aux traités de paix « qui doivent durer éternellement » il les raille : toujours provisoires, la raison d'État les a signés, la raison d'État peut les rompre. A chaque moment de l'histoire un peuple représente une phase du développement de l'Idée ; quand il triomphe, les autres peuples sont sans droit contre lui. Ainsi dominèrent l'Orient, la Grèce, Rome.

C'est aujourd'hui le tour de la race germanique.(1)

« Tout ce qui est réel est rationnel », disait Hegel. C'était là la divinisation du fait, la justification de tous les crimes et de toutes les infamies qui se sont produites depuis les origines du monde. C'était là le fatalisme historique, que Hegel et ses successeurs mettront au service du nationalisme et de l'impérialisme.

Fatalisme historique et nationalisme intransigeant sont donc la caractéristique de la pensée allemande du xixe siècle. Ces deux traits essentiels se retrouveront aussi dans l'œuvre des historiens de race germanique.

« A force d'étudier le passé, dit M. Fouillée, ou plutôt l'image déformée et souvent trompeuse d'un passé que l'on ne pouvait plus atteindre en lui-même, ces historiens ont étouffé dans les âmes le sens du présent et surtout l'enthousiasme de l'avenir. Ils ont écrasé sous le poids des siècles, le sentiment de la liberté et de l'initiative ; ils ont substitué à l'effort individuel la fatalité de l'évolution collective. L'his-

---

(1) Fouillée. *Psychologie des peuples européens.*

toire a dressé devant la raison la nature, devant le
droit le fait, devant la justice la force. Et s'il est
vrai que la raison mal éclairée sur ce qui doit être,
aboutit à l'utopie, l'histoire mal éclairée aboutit à
l'adoration de ce qui est, à la divinisation de l'iniquité ». (1).

Avec l'abus de l'érudition, ce qui contribue le plus
chez les historiens allemands à fausser leurs juge-
ments, c'est le point de vue étroitement nationaliste.
Malgré leurs prétentions scientifiques, ils n'ont pas
su, en général, arriver à une conception vraiment
désintéressée de leur art et se débarrasser du parti
pris qui leur faisait considérer avec Hegel leur race
comme la première du monde, celle qui, à la fin de
l'empire romain, avait redonné à l'Europe mourante
une vie nouvelle et celle qui, par ses vertus, était
encore appelée de nos jours à dominer et à régénérer
l'humanité.

« L'Allemagne par dessus tout le monde », tel
est le *leit motiv* des œuvres de Treitschke et de
Mommsen.

Treitschke en fait naïvement l'aveu : « La pure et
impartiale histoire ne saurait convenir, dit-il, à une
nation passionnée et batailleuse ».

Il a poussé plus fort que les autres historiens le
cri du nationalisme barbare : « Nous ne nous sommes
que trop laissés séduire par les grands mots de tolé-
rance et de lumière (Aufklärung) ». Il a été le « père
nourricier » de cette génération qui disait déjà,
avant Herwegh : « Assez d'amour comme cela :
essayons maintenant de la haine ». En 1870 il tou-
chait à la réalisation de ses rêves et, comme le poète
Geibel, enivré par les victoires, il pouvait s'écrier :

« Je te salue sainte pluie de feu, tempête de la
colère, qui éclates après tant d'heures d'angoisse !
Nous guérissons dans tes flammes et mon cœur te

---

(1) Fouillée, *Psychologie des peuples européens.*

répond par des battements de joie. Aigles aux puissants essors, en avant ! Déjà l'Allemagne respire et accorde ses harpes pour célébrer ses victoires ».

Treitschke, enfin, fait intervenir Darwin pour appuyer l'absolutisme. Décrivant l'histoire de l'Allemagne comme une vaste lutte pour la vie, il prétend que le rôle historique de la Prusse avait commencé lorsque cette puissance incorpora, les uns après les autres, les Etats Allemands « pour lesquels l'heure de la mort avait sonné ». « Dieu ne parle plus aux princes par des prophètes et par des songes ; mais il y a une *vocation divine* partout où se présente une *occasion favorable d'attaquer un voisin et d'étendre ses propres frontières* ». (1).

C'est le droit de conquête le plus cynique érigé en droit divin. « L'issue des événements est un jugement de Dieu ».

Le même nationalisme, la même négation des droits de l'humanité, la même philosophie de la force se retrouve dans l'œuvre de Mommsen.

« L'histoire, dans un irrésistible tourbillon, dit cet écrivain, brise et dévore sans pitié les nations qui n'ont pas la dureté de l'acier et aussi sa souplesse ».

Pour lui, dans l'histoire romaine tout est grand, tout est beau, tout est merveilleux, parce que ce peuple a eu le courage d'être sans pitié et d'accomplir sans faiblir, sans se laisser arrêter par les cris des mourants et les lamentations des vaincus ce qu'il considérait être sa mission dans le monde.

« Mommsen fait pressentir Nietzsche, qui dans son admiration de toutes les forces naturelles et du déploiement de toutes les énergies humaines aboutit à la morale des princes et artistes de la Renaissance païenne. On a dit avec raison que Mommsen a préparé Nietzsche et l'a rendu possible dans son pays. En tout cas personne plus que Mommsen n'a con-

---

(1) *Zehn Jahre deutscher Kampf*, p. 30.

tribué à réagir contre la conception chrétienne de la vie humaine. Son idéal, tel du moins que nous le révèle son *Histoire Romaine*, est celui que Machiavel développe dans son discours sur *Tite-Live*. « Notre religion couronne plutôt les vertus douces et contemplatives que les vertus actives. Elle place le bonheur suprême dans l'humiliation, l'abjection, le mépris des choses humaines, tandis que la foi païenne faisait consister le souverain bien dans la grandeur d'âme, la force du corps et toutes les qualités qui rendent l'homme redoutable. Si la nôtre exige quelque force d'âme, c'est plutôt celle qui fait supporter les maux que celle qui pousse aux grandes actions ». En ce sens on a pu dire que le disciple le plus direct de Mommsen est Nietzsche, qui poussant la théorie jusqu'à ses conclusions logiques, a salué dans le prince de Machiavel « le type splendide du conducteur d'hommes ». De son côté Rauho avait dit que les « sanglants combats humain ne sont, au fond, que la lutte des énergies morales ». Nietzsche dit : « des énergies brutales ». (1).

§ III. — *Bismarck*.

L'idéal d'oppression et de rapine qui s'exprime d'une façon si crue dans les ouvrages des juristes, des sociologues, des historiens et des philosophes allemands trouva dans le prince de Bismarck son incarnation la plus parfaite.

Jamais homme d'État n'eut moins de scrupules et ne sut faire passer d'une façon plus brutale la satisfaction de ses appétits et de ceux de son État avant les droits de l'humanité.

« La force prime le droit ». Cette parole qu'on attribue à Bismark et qu'il n'a peut-être pas dite

---

(1) Fouillée, *Psychologie des peuples européens.*

exprime d'une façon merveilleuse le fond de son caractère.

Bismarck, c'est le Prince tel que Machiavel l'avait annoncé : « Grand dissimulateur et grand simulateur, grand connaisseur de l'occasion, collaborateur avisé de la Providence ou corrupteur audacieux de la Fortune, grand amateur de la ruse, grand adorateur de la force, lion et renard, tantôt plus lion que renard, tantôt plus renard que lion ». (1).

Jamais aucun homme n'avait poursuivi une idée avec une plus implacable logique, sans se préoccuper des règles élémentaires de la morale. Son idéal était noble, élevé et humain dans une certaine mesure : il voulait faire l'unité de l'Allemagne. De ce pays morcelé, déchiré, en proie encore au féodalisme il voulait faire une fédération vivante. C'était là son droit et même son devoir. Mais l'esprit imbu des erreurs séculaires qui font de la force, de l'usurpation et du banditisme l'origine de tout droit, il eut le tort de croire que cette unité ne pouvait être conquise que par le fer et par le feu et qu'elle ne pouvait être établie que par la guerre. Aussi, pour réaliser son rêve idéal, fit-il bon marché de la vie humaine. Coup sur coup contre l'Autriche, contre le Danemark et contre la France il n'hésita pas à faire trois guerres qui devaient amener la mort de plus d'un million d'hommes. Et comme il lui fallait ces guerres il n'hésita pas à les provoquer, à les rendre inévitables, par la ruse, le mensonge et le faux.

M. Welschinger, dans un livre sur Bismarck, a mis en regard de la dépêche officielle venue d'Ems la dépêche arrangée par le prince et qui déchaîna la guerre de 1870, et il cite les mots typiques qui la suivent :

« Ce texte sera connu à Paris avant minuit. Non

---

(1) Charles Benoist, *Bismarck*, p. 5.

seulement pour ce qu'il dit mais encore pour la façon dont il aura été répandu, il produira là-bas sur le taureau gaulois l'effet du drapeau rouge. Il est essentiel que nous soyons attaqués. La présomption et la susceptibilité gauloises nous donneront ce rôle ».

« L'homme que les historiens allemands ont exalté est, — dit M. Guilloud, — l'homme de tous les faux, depuis le jour où, à la veille de la guerre du Danemark, il disait à Bernstorff : « Le prétexte que vous invoquez ne vaut rien. Si vous avez besoin de la guerre je me charge de vous fournir un *casus belli* de la plus belle eau dans les 24 heures », jusqu'au jour où, crayon en main, il sabra la dépêche d'Ems pour lui donner l'allure agressive qui devait déchaîner la guerre.

« Vit-il alors l'énorme responsabilité de son acte : les milliers de soldats qui allaient s'entr'égorger, les désastres, les deuils, les ruines, les nations armées jusqu'aux dents, se ruinant en armements, l'une pour garder ce qu'elle avait pris l'autre pour essayer de le reprendre ? Il ne vit rien de tout ceci, et, selon son propre aveu, jamais il ne mangea d'aussi bon appétit ». (1).

Sans scrupules quand il s'agit de déchaîner une guerre qu'il croit utile à l'intérêt de sa cause, Bismarck se montre aussi sans pitié au cours des opérations et après la victoire.

Pour s'en convaincre il suffit de lire ses propos de table publiés dans le livre de Busch intitulé *le comte Bismarck*. On sera édifié.

Voici quelques-unes de ses sinistres boutades :

« Il serait parfaitement raisonnable de s'emparer des habitants de quelques milles carrés et de les envoyer en Allemagne, où ils coloniseraient sous

(1) Guilloud, *L'Allemagne nouvelle et ses historiens*.

bonne garde, partout où, du fond des bois ils tirent sur nos convois, où ils enlèvent les rails de chemins de fer, et jettent des pierres sur la voie ». (*Mercredi 19 Octobre*).

La résistance des francs-tireurs et des Garibaldiens l'exaspère. Il voudrait qu'on les passât tous par les armes.

« Je voudrais, dit-il, qu'on mît aux arrêts tout soldat qui fait prisonnier un de ces drôles. Ce sont des brigands, il faut fusiller cela ! Le renard peut s'excuser en disant que sa nature est d'être ce qu'il est, mais ces gens là ce sont des monstres, des hommes dénaturés ». (*Dimanche 27 Septembre*).

Dans une autre occasion il déclare :

« Nos gens tirent au besoin, mais ne fusillent pas avec plaisir. On devrait mettre le feu à tous les villages où se produit une trahison et en pendre tous les hommes ». (*Vendredi 14 Octobre*).

Un jour qu'il avait rappelé à table le vieux proverbe allemand : « Landgrave, sois dur », il le commente en ces termes :

« Je trouverai bien moyen de les forcer, les Parisiens. Je leur dirai : vous êtes 2.000.000 d'hommes qui me répondez sur votre personne. Je vous tiens encore affamés pendant 24 heures jusqu'à ce que nous obtenions de vous ce que nous voulons. Et puis encore une fois 24 heures quoi qu'il puisse arriver. Moi je prendrais bien cela sur moi, mais..., je formerais bien ma conscience là-dessus, mais... ce qui est derrière mon dos, ou plutôt ce qui est sur ma poitrine et y pèse au point de me couper la respiration... Oui, si on était Landgrave. Pour ce qui est d'être dur ce n'est pas ce qui me manquerait. Mais malheureusement on n'est pas Landgrave ! » (*Dimanche 4 Décembre 1870*).

Ce qui oppressait le prince Bismarck, ce qui était sur sa poitrine et y pesait au point de lui couper la respiration, ce n'était pas, comme on pourrait être tenté de le croire, la voix de sa conscience, c'étaient les hésitations de celui qu'il devait faire couronner empereur. Ah ! si Bismarck avait été son maître il eût vite fait d'ordonner toutes les cruautés : il aurait bien « formé sa conscience là-dessus ! »

Non seulement Bismarck était d'une brutalité impitoyable envers les vaincus, mais il se plaisait encore à les bafouer.

Le général Reille, avant la capitulation de Sedan, réclame des conditions plus honorables et plus douces, sinon, dit-il, « plutôt que de se soumettre, les troupes se feront sauter avec la forteresse ». Je lui dis : « Faites sauter ». (*Mardi 22 Novembre*).

Jamais peut-être une telle férocité ne s'était révélée sous le masque trompeur du civilisé.

Cependant, tant il est vrai que la plupart des hommes se laissent facilement hypnotiser par la force et la ruse triomphantes, Bismarck n'a pas manqué de trouver de nombreux apologistes en Allemagne et à l'étranger.

A propos de la falsification de la dépêche d'Ems, un homme comme Delbrück, conseiller intime de Guillaume, n'hésite pas à écrire : « Bénie soit la main qui a tracé ces lignes... Si la chose n'avait pas réussi, Bismarck en eût trouvé une autre... Un bon diplomate a toujours plusieurs flèches dans son carquois ». (1).

Sans doute les admirateurs de Bismarck ont raison de considérer comme un grand bienfait l'unité de l'Allemagne, mais ils ont le tort de croire que cette unité devait nécessairement se faire par le fer et par le feu, par l'oppression et la spoliation des nations voisines. Ils ont le tort de ne pas voir que ce qui rend cette unité inquiétante pour le reste de l'Europe, c'est précisément l'injustice et la tyrannie qui sont à

(1) *Preussische Jahrbüch*, T. XIX p. 739.

sa base. Grisée par ses succès, comme Napoléon
l'avait été par les siens, la Prusse et avec elle l'Allemagne ont englobé de vive force dans leur sein des
Polonais, des Danois et des Alsaciens-Lorrains qui
se refusaient obstinément à devenir Allemands et
qui tenaient à rester fidèles à la patrie que leur cœur
avait choisie. Ces spoliations successives ont provoqué dans l'Europe un véritable malaise.

Pour empêcher de nouvelles agressions, tous les
pays du vieux continent ont dû s'armer à outrance
et l'Allemagne, elle aussi, a dû continuer à s'armer
pour conserver le fruit de ses conquêtes. Maintenant
elle gémit avec toute l'Europe sous le poids de la
paix armée ; et cette situation angoissante, c'est à
Bismarck qu'elle la doit.

La gloire du vieux chancelier devrait donc être
célébrée avec un enthousiasme tout relatif.

Le malheur c'est qu'en majorité la classe dirigeante, qui seule compte en Allemagne, continue à
rester fermée à l'idéal de justice internationale et ne
voit rien au-delà du nationalisme et de l'impérialisme intransigeants.

La fièvre de croissance de l'unité allemande une
fois passée, on pouvait espérer que l'enthousiasme
de l'Allemagne pour le règne de la force se calme-
rait et qu'elle comprendrait la fragilité des empires
basés sur l'injustice.

Il n'en fut rien et, malheureusement, cette idée ne
fait pas encore pratiquement sentir qu'elle prévaut.
Le virus Bismarck a continué jusqu'à nos jours à
empoisonner l'Allemagne.

Les résistances des Polonais, des Danois et des
Alsaciens-Lorrains aux tentatives de germanisation
auraient dû l'avertir qu'elle s'engageait dans une
voie néfaste. Mais l'orgueil blessé de la race allemande n'admettait pas que le plus faible pût avoir
des droits et pût manifester des velléités de résistance.
L'indocilité des annexés au lieu de pousser les gou-

vernants d'Allemagne à faire un retour sur eux-mêmes et à écouter leur conscience, les fit entrer au contraire en une rage indicible.

Et alors, avec une brutalité méthodique, ils soumirent les peuples annexés à toutes sortes de vexations plus ou moins douloureuses pour les amener à crier grâce. C'est ainsi, par exemple, qu'après 1870 ils refusèrent aux annexés d'Alsace-Lorraine de déclarer par voie de referendum s'ils veulent rester français ou devenir allemands ; c'est ainsi qu'ils interdisent aux parents qui n'émigrent pas d'opter pour la nationalité française pour leurs enfants en bas âge, c'est ainsi qu'ils interdisent aux émigrés le retour en Alsace et qu'ils établissent pendant de longues années l'obligation du passeport pour creuser une barrière toujours plus profonde entre la France et les malheureux pays annexés ; c'est ainsi encore qu'ils interdisent l'usage du français dans les écoles de Lorraine et d'Alsace et qu'ils font une chasse impitoyable à tout ce qui est souvenir français.

Rien n'y a fait. Après 40 ans d'occupation les Allemands eux-mêmes sont obligés de reconnaître que la germanisation dans les provinces annexées n'a pas fait un pas ; tant il est vrai que la violence et la haine ne sauraient jamais engendrer la sympathie et l'amour sans laquelle il n'existe pas de solidarité sociale véritable.

Le gouvernement allemand éprouve quelque peine à reconnaître ces erreurs ; il persiste encore dans son attitude. Il ne tiendrait qu'à lui de dissiper par une parole de paix la haine et la malveillance qu'il sent autour de lui et qui l'encercle beaucoup plus que les forteresses ou les baïonnettes.

Cette parole, l'Allemagne ne la dit pas. Au contraire elle se plaît souvent encore à braver l'opinion publique européenne et à infliger à la conscience morale de l'humanité de terribles échecs.

L'empereur Guillaume II lui-même, qui cependant

avait eu le courage de congédier Bismarck, s'est fait depuis son arrivée au trône le champion de cette politique orgueilleuse et brutale.

C'est lui qui conseille à l'Allemagne de toujours tenir sa poudre sèche et de rester toujours la main au fourreau.

Sans doute il n'a point fait la guerre et c'est là déjà un grand mérite, mais il n'a rien fait non plus pour diminuer chez son peuple la croyance néfaste en son utilité.

« L'effort de tous les peuples pour assurer la paix est magnifique, mais les peuples commettent une profonde erreur de calcul. Aussi longtemps que régnera le péché originel parmi les hommes, la haine, l'envie, le désordre continueront à régner et chacun tentera de faire tort aux autres. Or ce qui est une fatalité pour les hommes est une fatalité pour les peuples » (1).

A ce mystique qu'est Guillaume II, à ce souverain qui parle sans cesse de sa mission divine, ce qui manque le plus c'est la foi, la foi en la justice, en la solidarité de l'humanité.

Et voilà pourquoi c'est sous son règne que l'Allemagne a ajouté une nouvelle erreur à celles que ses hommes d'État lui avaient fait commettre, celle d'avoir fait échouer la mise en pratique immédiate de l'arbitrage obligatoire à la Conférence de la Haye et celle d'avoir failli rendre impossible, par son opposition, que l'on crut un instant irréductible, l'établissement d'une Cour permanente d'arbitrage à la Haye.

Si nous nous sommes longuement attardés sur l'état d'âme de l'Allemagne et sur l'analyse de sa conception du droit de la force et de l'utilité de la

(1) Discours de Guillaume II du 6 février 1899 au Landtag de Brandebourg.

10

violence, ce n'est pas pour la charger de tous les péchés et pour la rendre uniquement responsable de toutes les misères dont souffre l'Europe par le fait de la paix armée.

L'idéal de violence est malheureusement international et même en France il ne manque pas de grands esprits qui ont glorifié ce meurtre collectif qu'est la guerre. Mais il nous a semblé nécessaire d'insister sur le cas de l'Allemagne parceque c'est chez elle que nous trouvons au xixᵉ siècle la théorie nationaliste et impérialiste à l'état le plus pur, et que nulle part comme chez elle nous ne trouverons un aussi parfait accord de toutes les intelligences et de toutes les volontés pour défendre et glorifier une doctrine de violence et d'abus de la force.

Il est à craindre que l'Allemagne soit encore à l'heure actuelle le plus grand obstacle à la fédération européenne, ou, si le mot paraît trop utopique, à l'union et à l'organisation de l'Europe.

§ IV. — *La Science.*

Depuis la Révolution française cette organisation se poursuit malgré tout avec une extrême rapidité et elle est déjà beaucoup plus avancée qu'en général on ne l'imagine.

Ce succès est dû à deux causes : le progrès des idées de la Révolution, et le progrès de la science.

Comme nous l'avons dit au cours de cette étude la chute de Napoléon n'entraîna pas avec elle l'oubli des principes de la Révolution, que le tyran corse avait trahis après s'en être réclamé.

Le drapeau tricolore avait apporté dans ses plis, à tous les peuples de l'Europe, les idées de liberté, d'égalité, de fraternité, d'autonomie de la personne humaine. Ces idées laissèrent des germes féconds dans l'âme de tous les peuples. La première moitié du xixᵉ siècle fut remplie par les luttes de nationa-

lité. En Grèce, en Belgique, en Italie, grâce à l'appui
de la France et aussi en Autriche-Hongrie à la suite
de la Révolution de 1848, le principe des nationalités finit par triompher. Il fut violé dans la Pologne
Russe et la Pologne Prussienne, dans le Schleswig,
en Alsace-Lorraine et en Irlande. Mais le principe
était proclamé et c'en était fait de la tranquillité des
oppresseurs. Tôt ou tard ils devront reconnaître que
la violence et l'injustice sont impuissantes à maintenir les conquêtes et ils devront permettre à chaque
groupement social de se gouverner d'une façon
autonome.

La reconnaissance du principe des nationalités est
un très grand progrès de la morale internationale
puisqu'elle est la négation de l'oppression et du droit
de conquête.

Mais ce n'est là, pour ainsi dire, qu'une des faces
négatives de la morale internationale. Celle-ci a
aussi une face positive qui est le progrès de l'association des divers membres du corps social et des
divers groupements humains entre eux.

L'autonomie de chaque nation a besoin d'être
complétée par une solidarité toujours croissante
entre les diverses nations. Or cette solidarité de la
grande famille des peuples s'est, au cours du xixe
siècle et en dépit de la paix armée, développée d'une
façon considérable.

Cela est dû en grande partie aux idées des philosophes et à la propagande des sociétés pacifistes qui,
depuis le début du xixe siècle, se sont créées dans
tous les pays du monde ; mais aussi aux progrès
énormes qu'ont faits au cours du même siècle la
science et l'invention technique.

La science par elle-même n'est ni morale ni immorale et ses progrès peuvent tout aussi bien favoriser
les mauvais penchants de l'humanité que les bons.
La découverte de l'imprimerie, par exemple, a pu
servir à répandre l'erreur autant que la vérité. La

poudre à canon et la perfection de l'artillerie ont fait de la guerre d'horribles boucheries auprès desquelles les massacres de Gengis Khan n'étaient que des fantaisies presque inoffensives.

L'invention du télégraphe et du téléphone ont favorisé le développement d'une nervosité tout à fait défavorable aux négociations diplomatiques et qui peut pousser tout un peuple, comme dans le cas de la dépêche d'Ems, à de funestes emballements.

Chaque progrès de la civilisation a donc son revers.

Cependant, s'il n'est pas permis de dire que toute invention est morale, au sens strict du mot, il est impossible de nier que l'invention technique a servi largement les progrès de la justice internationale en augmentant d'une façon plus étroite les relations et les mille liens de toutes sortes : intellectuels, artistiques, industriels, commerciaux, moraux, qui unissent tous les hommes.

Le progrès de l'association et de la civilisation, nous l'avons vu, se fait par l'invention et l'échange des idées. Aux époques primitives de l'histoire, on a pu prétendre sans trop de paradoxe que la guerre fut utile dans une certaine mesure, parcequ'elle a facilité la fusion des races, le mélange des civilisations, l'échange des idées. Mais le jour où l'imprimerie fut inventée la lutte sociale pouvait se faire uniquement par la discussion et les guerres n'étaient plus excusables.

Or qu'était l'imprimerie à côté des merveilles que la science du XIXe siècle allait révéler à l'humanité ? Napoléon n'avait à sa disposition, si l'on excepte le télégraphe Chappe, qui n'était d'aucune utilité dans la nuit et dans le brouillard, que des procédés de communication aussi primitifs que César. Le chemin de fer, le télégraphe et le téléphone allaient opérer dans les relations humaines une véritable révolution. Grâce à eux chaque individu, chaque peuple pouvait entrer rapidement en contact avec les civilisations les plus éloignées.

Le monde était rapetissé. On met aujourd'hui moins de temps pour aller de Paris à Saint-Pétersbourg qu'on n'en mettait autrefois pour aller de Paris à Marseille.

Le monde est devenu plus grand : l'esprit et le cœur de chacun de nous s'intéressent à ce qui se passe dans toutes les parties de l'humanité.

Les progrès de la science et de l'invention technique ont rendu solidaires les intérêts matériels dans tout l'univers. Grâce au télégraphe qui permet d'acheter et de vendre à des milliers de kilomètres, grâce à la vapeur qui permet de transporter rapidement d'un pays à un autre situé aux antipodes, les intérêts économiques de chaque nation se sont tellement enchevêtrés que la ruine de l'une peut être la ruine partielle de l'autre.

Les progrès de la science et de la technique ont donc développé, sans que nous y prenions garde, l'interdépendance des nations. Ils ont favorisé dans une large mesure le processus d'évolution qui a porté les individus à se grouper en familles, les familles en cités, les cités en États, les États en groupes de civilisation, pour arriver enfin à la fédération universelle, but suprême de l'évolution humaine. Ce sont la science et la technique qui ont préparé sous nos yeux les États-Unis d'Europe et la fédération de l'humanité. C'est la tâche des pacifistes de montrer que cette organisation existe déjà, qu'elle n'est donc pas une utopie, et que pour la parachever il suffirait d'un peu de bonne volonté et d'un sincère esprit de justice.

L'humanité continuera-t-elle à fermer les yeux à cette réalité, au lieu d'établir le règne de la justice internationale qui concorde si bien avec son intérêt ? Préférera-t-elle écouter les conseils de ceux qui la poussent au suicide ? Préférera-t-elle, par le culte éternel de la guerre et des armements excessifs, mettre en péril l'œuvre d'une civilisation d'autant plus délicate qu'elle est plus complexe ?

Nous ne devons pas douter de sa réponse.

§ V. — Les Traités. — L'Arbitrage.

A l'aube d'un grand siècle, de celui qui va découvrir au jour la théorie d'arbitrage lentement fécondée par les siècles passés, un penseur de talent écrit : « La politique étant si peu gouvernée par la justice, une coalition entre plusieurs souverains, faite sur les principes d'une morale pure et désintéressée, serait un miracle. » Le siècle que Joseph de Maistre accueille ainsi ne fera pas, certes, de miracle ; mais il prouvera du moins que l'injustice peut n'être pas constamment la base de toute politique.

Les guerres contre la France avaient augmenté la dette anglaise de 237 millions de livres sterlings en 1791, de 861 millions de livres sterlings en 1815.

La politique anglaise allait être généralement pacifique. Elle contribuera de plus en plus à entraîner les autres gouvernements vers la paix et la réduction des charges militaires.

Trois traités de paix et d'amitié entre Sa Majesté Britannique et les États-Unis de l'Amérique furent signés à Gand le 24 décembre 1814. Ils contiennent notamment la stipulation suivante :

« .....Afin de statuer finalement sur ces réclamations, il est convenu qu'elles seront référées à deux commissaires qui seront nommés de la manière suivante :...et lesdits deux commissaires, ainsi nommés, *prêteront serment d'examiner et déterminer impartialement lesdites réclamations*, conformément aux preuves qui seront mises sous leurs yeux de la part de Sa Majesté Britannique et de celle des États-Unis respectivement...

« Et si lesdits commissaires s'accordent dans leur

décision, les deux parties considéreront la dite décision comme définitive et péremptoire. »

« Au cas de non-entente il en sera référé à un
« souverain ou État ami, qui sera alors nommé à
« cet effet et qui sera prié de donner une décision
« sur les différends qui seront exposés dans les
« rapports ou sur le rapport de l'un des commis-
« saires... Et Sa Majesté Britannique et le Gouver-
« nement des États-Unis s'engagent à considérer la
« décision du dit souverain ou État ami comme
« définitive et concluante sur toutes les matières ainsi
« référées. »

Guillaume, roi des Pays-Bas, choisi comme arbitre
sur l'une des questions non réglées par les commissaires, rendit sa sentence, « Animé du désir sincère
« de répondre par une décision scrupuleuse et
« impartiale, à la confiance qu'elles nous ont
« témoignée et de donner ainsi un nouveau gage du
« haut prix que nous y attachons. »

Mais sa décision souleva de vives protestations du
côté américain et les parties conclurent à Washington,
le 9 août 1842, un traité réglant définitivement le
différend.

Entre la Grande Bretagne, la Russie et les États-
Unis d'Amérique, une convention intervint les 30 Juin
et 12 Juillet 1833, pour mettre à exécution l'arbitrage de S. M. l'Empereur de toutes les Russies
concernant le premier article du traité signé à
Gand (1)... La formule de serment imposée aux
commissaires ou arbitres par la convention elle-même
est la suivante :

« Moi A. B. l'un des commissaires (ou arbitres)
« jure solennellement que j'examinerai avec *dili-*
« *gence, impartialité et sollicitude*, et que je
« déciderai d'après mon meilleur entendement, et
« en toute justice et équité, toutes les réclamations
« qui me seront déférées en ma qualité de

<hr>

(1) Ch. de Martens, *Recueil Manuel*, III, p. 550.

« commissaire (ou arbitre) à la suite de la dite
« convention. »

Les nombreux arbitrages occasionnels qui se
succèdent au cours du xixe siècle s'inspirent de
principes identiques.

Les pourparlers et les traités qui mirent fin aux
guerres du premier Empire méritent d'être analysés
parce qu'ils marquent une étape nouvelle dans les
relations internationales.

A l'entrevue qu'eurent le tsar Alexandre et Metternich à Langres, en Janvier 1814, on détermina
le gouvernement à donner à la France. Alexandre
pensait à un général français (Bernadotte) ; Metternich refusa de se prêter à aucune « expérience avec
« le principe de la souveraineté du peuple ». Ce
« serait, disait-il, une nouvelle édition de la Con-
« vention, un déchaînement de la Révolution...
« D'ailleurs, sur quel objet cette assemblée aurait-
« elle à délibérer ? Le roi légitime est là. » Le tsar
finit par se rallier aux Bourbons.

Le 31 Mars 1814, une affiche des préfets annonça
que le tsar prenait Paris sous sa protection. Le
général autrichien proclame ceci : « Les souverains
« cherchent une autorité bienfaisante en France *qui*
« *puisse fonder la concorde de toutes les nations.*
« A la ville de Paris il appartient *de hâter la paix*
« *du monde.* Qu'elle s'exprime, et l'armée qui est
« devant ses murs soutiendra sa décision. »

Les alliés décidèrent l'ouverture, à Vienne d'un
congrès général de « toutes les puissances qui ont
pris part à la guerre d'un côté ou d'un autre » autrement dit de tous les Etats européens. (Traité du 30
Mai 1814).

Les alliés, « pour montrer leur désir d'effacer
toutes les suites de ces temps de malheur », renoncent
à toute indemnité pécuniaire, refusent de faire
rembourser à la Prusse les fournitures dues par
Napoléon, et même ne réclament pas les tableaux

enlevés par Napoléon et placés dans les musées français. 90 plénipotentiaires de princes souverains, 53 de princes médiatisés se rendirent dans la capitale de l'Autriche où les attendaient fêtes et réceptions mondaines. Mais le Congrès ne fut jamais ouvert. Conformément au traité secret des quatre puissances alliées « les dispositions sur les pays abandonnés par la France et les rapports desquels doit résulter un système d'équilibre durable » sont réglés dans l'acte final du Congrès de Vienne, (9 juin 1815) « sur les bases arrêtées par les puissances entre elles », c'est à dire par les alliés seuls.

Talleyrand avait réclamé et obtenu l'ouverture du Congrès au 1er Novembre 1814, « conformément au droit public ». « Le roi, dit-il, est résolu à ne point « reconnaître que la conquête seule donne la souve-« raineté. » Malgré les promesses, on passa outre.

Napoléon Bonaparte, au retour de l'Ile d'Elbe est déclaré au nom de l'Europe « ennemi et perturbateur du repos du monde » et, comme tel, « livré à la vindicte publique » (13 mars 1815).

Les alliés conçurent ensuite une ligue permanente « pour la sûreté de leurs Etats et la tranquillité générale de l'Europe », s'engageant à se concerter si les principes révolutionnaires venaient de nouveau à « déchirer la France et menacer le repos des autres Etats ». (20 Novembre 1815).

L'équilibre européen et le *système des indemnités*, deux règles de conduite des diplomates du XVIIIe siècle servent de principes aux règlements de Vienne.

La France est, en conséquence, ramenée au territoire antérieur à ses conquêtes. Pour l'Angleterre qui garda Malte et les Iles Ioniennes, et pour la Russie qui garda la Bessarabie, la Finlande et une partie de la Pologne, les indemnités revêtirent toutefois le caractère d'un accroissement territorial. Il en fut de même pour les petits Etats favoris des

Alliés, le prince d'Orange, le roi de Sardaigne et la Suisse, au détriment des petits États comme les républiques de Gênes et de Venise, les États ecclésiastiques, les villes libres d'Allemagne, la Saxe et le Danemark.

Il n'y eut aucune consultation d'habitants. On ne tint aucun compte de leurs intérêts « les diplomates, dit M. Ch. Seignobos, représentaient des gouvernements, non des nations ». Les résultats furent, en plusieurs cas, contraires aux nationalités : l'Allemagne, l'Italie et la Pologne étaient morcelées ; l'Autriche formait un groupe artificiel de plusieurs nations. Des protestations s'élevèrent de toutes parts. Metternich devint naturellement le chef de la résistance ; « Le but des factieux, dit-il, est un et uniforme, « c'est le renversement de toute chose légalement « existante... Le principe que les monarques doivent « opposer... c'est celui de la *conservation* de toute « chose légalement existante ».

Sous le règne de Louis Philippe, la convention sur le droit de visite, destinée à empêcher la traite des noirs (1843) et l'indemnité Pritchard accordée à un missionnaire anglais à Taïti (1844), fournirent à l'opposition libérale l'occasion de s'agiter. Elle reprochait au ministre Guizot de « sacrifier l'honneur de la France » au profit de l'Angleterre. Le vote de l'indemnité ne fut émis que par 213 voix contre 205. Il fut très impopulaire.

Sous le second Empire français les événements décisifs ont été les guerres étrangères.

L'Empereur avait le pouvoir de décider la guerre *seul*, sans consulter la Chambre. Il en a usé pour suivre, au dehors, sa politique personnelle, mais ses guerres et ses traités ont réagi sur son gouvernement intérieur ; le sort de la nation a dépendu de la politique extérieure de l'Empereur.

La guerre d'Italie (1859) brouilla le gouvernement avec le clergé dont il était précédemment l'allié.

Sans consulter la Chambre qu'il savait dominée par l'esprit protectionniste, l'Empereur conclut avec l'Angleterre le traité de commerce de 1860 qui abolissait les prohibitions et abaissait les droits protecteurs ; c'était l'entrée de la France dans le système du *libre-échange*.

Après la guerre de 1866 et le désastre du Mexique, l'Empereur se sentant isolé en Europe et désapprouvé même par ses députés officiels se décida à s'appuyer sur le tiers parti. Il annonça son intention par la lettre du 19 Janvier 1867.

Le régime militaire avait été successivement le *remplacement* puis, en 1855, l'*exonération*. Après la campagne de 1866, le ministre de la guerre Niel proposa le service universel, à la façon prussienne. Mais la Chambre n'y consentit pas, pour ne pas soumettre au service les jeunes gens de la bourgeoisie.

Le parti républicain (Jules Simon) proposa d'adopter le système suisse : le service universel réduit à quelques semaines, le temps nécessaire pour apprendre le métier, l'armée transformée en une milice nationale défensive. « Ce régime comportait une politique de paix ; il fut à peine discuté ». (Ch. Seignobos).

La Chambre adopta le régime de 9 ans, dont 5 ans d'armée active et 4 ans de réserve.

Les députés autoritaires, mécontents des concessions libérales et de la politique de paix, constituèrent le groupe des *Arcadiens*. Leur programme était de pousser à la guerre pour rétablir l'honneur et l'influence de la France compromis par les victoires de la Prusse. Une guerre victorieuse raffermirait la dynastie impériale et lui permettrait de revenir au régime autoritaire.

Gambetta, dans le programme de Belleville (1869) demandait « la suppression des armées permanentes».

Les ministres du centre gauche qui désapprou-

vaient le plébiscite s'étant retirés, Daru, partisan de
de la paix, fut remplacé aux affaires étrangères par
un ennemi de la Prusse et de l'Italie, le duc de
Gramont. Ce fut lui qui engagea la France dans le
conflit avec la Prusse.

Le parti belliqueux et autoritaire reprit de l'influence sur le gouvernement. Le Ministère *formé
sur un programme de paix*, se laissa entraîner à
faire déclarer la *guerre au nom de l'honneur
national*. La Chambre l'approuva en refusant par
159 voix contre 84 d'exiger la communication des
documents diplomatiques et en votant un crédit de
500 millions pour la mobilisation.

L'Impératrice, régente en l'absence de l'Empereur
parti pour la frontière, chargea le général de Palikao
de former le ministère. Celui-ci, pris dans la *Droite
belliqueuse*, fut le dernier de l'Empire.

Le gouvernement provisoire, formé à la procla-
mation de la République, se rendit compte aussitôt
que les électeurs étaient, avant tout, décidés à la
paix. Mais lui, en présence des défaites subies,
« tenait, pour l'honneur de la France à continuer la
guerre jusqu'au bout ».

Le traité de Francfort fut signé, sanctionnant la
perte de l'Alsace et d'une partie de la Lorraine, ainsi
que l'indemnité de cinq milliards.

L'année suivante, en 1872, se réunissait à Genève
sous la présidence du Comte Sclopis, le tribunal
arbitral chargé de résoudre le différend célèbre, dit
de l'*Alabama*, entre la Grande-Bretagne et les États-
Unis d'Amérique. Dans la séance solennelle où était
lue la sentence, le comte Sclopis prononça ces fortes
paroles : « Nous avons entendu ce cri terrible : La
force prime le droit ! C'est un défi à la civilisation.
Nous voyons maintenant la politique s'adresser à la
justice pour ne pas abuser de la force. C'est un
hommage que la civilisation doit recevoir avec bonheur ».

En des lettres que M. Frédéric Passy a lues à l'Académie des Sciences morales et politiques, le Président du Tribunal de l'Alabama résumait ainsi l'impression que lui avait laissés de grands débats juridiques internationaux : « Il faut créer ce que « Montesquieu appelait un esprit général, et con- « vaincre les gouvernements de l'importance qu'il y « a, pour eux, comme pour les peuples, de s'attacher « aux idées pacifiques. » (1).

On sait que l'Angleterre fut, à Genève, condamnée à payer aux Etats-Unis, à titre d'indemnité, 15.500.000 dollars en or ; l'ambassadeur de la Grande-Bretagne remit un chèque avant déjeuner au ministre améri- cain, afin de régler une « petite dette » de son pays.

L'arbitrage de l'Alabama, l'exécution facile de la sentence, produisirent un effet moral considérable. La cause de l'arbitrage occasionnel était gagnée devant les gouvernements et devant l'opinion.

Mais ce n'était point là une garantie suffisante de paix ; il fallait que l'arbitrage ne restât pas un mode accidentel de solution des différends entre nations ; il fallait qu'il en devint le mode normal, obligatoire, à défaut de tribunal international permanent.

Aussi, dès 1873, Charles Lemonnier et la Ligue internationale de la Paix et de la Liberté, fondée à Genève en 1867 et qu'il présidait, commencèrent-ils leur campagne en faveur des traités d'arbitrage per- manent ; c'est-à-dire en faveur d'un premier lien de droit entre les peuples.

La Convention de Saint-Pétersbourg, la Conven- vention de Genève unissaient déjà depuis quelques années les États ; elles avaient pour but d'humaniser la guerre ; elles n'aboutissaient pas à la Justice entre les nations.

L'organisation du mouvement vers la paix, du mouvement pacifiste, comme on dira plus tard,

---

(1) Frédéric Passy, *Pour la Paix.*

va permettre à la Ligue de Genève de ne pas rester isolée dans son action.

Les Congrès universels de la Paix vont s'approprier les résolutions en faveur des traités d'arbitrage permanent. Mieux encore, en même temps que se tient à Paris, en 1889, sous les présidences d'Adolphe Franck, de Charles Lemonnier, et de M. Frédéric Passy, le premier Congrès universel de la Paix, celui-ci organise, également à Paris, de concert avec M. Randal Cremer, député trade-unioniste à la Chambre des Communes, la première conférence interparlementaire. Jules Simon la préside. Des membres de tous les Parlements du monde s'assemblent d'abord accidentellement chaque année (Londres, 1890 ; Rome, 1891 ; Berne, 1892) ; puis ils constituent une Union interparlementaire ayant son Bureau permanent, organe correspondant, pour le mouvement parlementaire, au Bureau international de la Paix, pour le mouvement populaire.

Les conférences interparlementaires se prononcent, elles aussi, en faveur des traités d'arbitrage permanent. L'armée pacifiste marche donc désormais en masse vers l'arbitrage obligatoire. La nécessité de doter la Société des Nations des organes qui lui manquent se précise. Il lui faut une loi, une administration, une justice. Comme il n'existe pas de législateur international, la loi résultera de la convention, en vertu de l'adage juridique « Les conventions font la loi des parties ». La juridiction chargée d'assurer le respect de la loi pourra n'être pas un tribunal international permanent mais des tribunaux arbitraux ; il est possible de faire de l'arbitrage un système complet de justice ; ce système est le meilleur, en ce sens qu'il permet aux justiciables de désigner eux-mêmes leurs juges à l'occasion de chacun des différends ; ils peuvent ainsi choisir les personnalités les plus compétentes. L'administration sera chargée de la gestion concertée des intérêts

communs des États. Ne disposant pas de force
armée, elle n'aura pas, quant à présent, le caractère
intégral du pouvoir exécutif. Elle n'assurera
l'exécution des sentences arbitrales qu'à l'aide des
moyens de sanction mis à sa disposition par les
parties, dans le compromis arbitral.

Ce brillant programme formulé était de nature a
séduire certains hommes d'État. Les amis de la Paix
ne s'attendaient pas cependant à ce qu'un Gouvernement prenne de sitôt une initiative en faveur de sa
réalisation, même partielle.

Le 28 août 1898, le *Moniteur Officiel de l'Empire
Russe* publie une circulaire signée du comte Moura-
vieff, Ministre des Affaires Étrangères, et remise dès
le 24 du même mois aux représentants des puissances accrédités à Saint-Pétersbourg. Par ce document
l'Empereur Nicolas II fait savoir qu'il est entièrement acquis à « la recherche, dans la voie de la
discussion internationale des moyens les plus effica-
caces à assurer à tous les peuples les bienfaits d'une
paix réelle et durable, et à mettre avant tout un
terme au développement progressif des armements
actuels.

« Au cours des 20 dernières années, les aspirations à un apaisement général se sont particulièrement affirmées dans la conscience des nations
civilisées. La conservation de la paix a été posée
comme le but de la politique internationale. C'est en
son nom que les Grands États ont conclu entre eux
de puissantes alliances ; c'est pour mieux garantir
la paix qu'ils ont développé dans des proportions
inconnues jusqu'ici leurs forces militaires, et con-
tinuent encore à les accroître sans reculer devant
aucun sacrifice ».

La circulaire conclut par l'invitation de tous les
gouvernements à « une conférence qui aurait à
s'occuper de ce grave problème ; cette conférence
serait, Dieu aidant, d'un heureux présage pour le

siècle qui va s'ouvrir ; elle rassemblerait dans un puissant faisceau les efforts de tous les États qui cherchent sincèrement à faire triompher la grande conception de la paix universelle sur les éléments de trouble et de discorde.

« Elle cimenterait en même temps leurs accords, par une consécration solidaire des principes d'équité et de droit sur lesquels reposent la sécurité des États et le bien être des peuples ».

Vingt-six puissances répondirent à cet éloquent appel, et leurs représentants se réunirent, comme chacun sait, sur l'invitation du Gouvernement de S. M. la Reine des Pays-Bas, à la Maison du Bois, à La Haye, le 18 Mai de l'année suivante. Leurs travaux durèrent jusqu'au 29 Juillet, jour mémorable où *l'acte final de la Conférence* fut signé par toutes les puissances représentées.

Voici quelles furent les puissances représentées : Allemagne, Autriche, Hongrie, Belgique, Bulgarie, Chine, Danemark, Espagne, États-Unis d'Amérique, France, Grande - Bretagne, Grèce, Italie, Japon, Luxembourg, Mexique, Monténégro, Pays - Bas, Perse, Portugal, Roumanie, Russie, Serbie, Siam, Suède et Norvège, Suisse, Turquie.

La première convention débute par les considérations suivantes :

« Les Souverains ou chefs d'États des pays représentés à la Conférence *(Suivent les noms)* :

« Animés de la ferme volonté de concourir au maintien de la paix générale ;

« Résolus à favoriser de tous leurs efforts le règlement amiable des conflits internationaux ;

« Reconnaissant la solidarité qui unit les membres de la société des nations civilisées ;

« Voulant étendre l'empire du droit et fortifier le sentiment de la justice internationale ;

« Convaincus que l'institution permanente d'une juridiction arbitrage accessible à tous au sein des puissances indépendantes peut contribuer efficacement à ce résultat ;

« Considérant les avantages d'une organisation générale et régulière de la procédure arbitrale ;

« Estimant avec l'auguste initiateur de la Conférence internationale qu'il importe de consacrer dans un Accord international les principes d'équité et de droit sur lesquels reposent la sécurité des États et le bien-être des peuples ;

« Désirant conclure une convention à cet effet, ont nommé pour leurs plénipotentiaires, savoir :

(Suivent les noms).

« Lesquels, après s'être communiqué leurs pleins pouvoirs, trouvés en bonne et due forme, sont convenus des dispositions suivantes :

(Suit le texte).

Il a été signé trois conventions et trois déclarations :

1° Une convention pour le règlement pacifique des conflits internationaux.

2° Une convention concernant les lois et coutumes de la guerre sur terre.

3° Une convention pour l'adaptation à la guerre maritime des principes de la Convention de Genève du 22 Août 1864.

Les trois déclarations portent sur :

a) L'interdiction de lancer des projectiles et des explosifs du haut des ballons ou par d'autres modes analogues nouveaux ;

b) L'interdiction de l'emploi des projectiles qui ont pour but unique de répandre des gaz asphyxiants ou délétères ;

c) L'interdiction de l'emploi de balles qui s'épanouissent ou s'aplatissent facilement dans le corps humain, telles que les balles à enveloppe dure dont l'enveloppe ne couvrirait pas entièrement le noyau ou serait pourvue d'incision.

La première de ces déclarations a été consentie

pour une durée de cinq ans ; les deux suivantes ont été adoptées avec deux votes contre (l'Angleterre et les Etats-Unis).

Les conventions et déclarations de La Haye constituent des éléments réels et essentiels du Droit international positif, éléments qu'il faudra compléter et parfaire. La reconnaissance de la « solidarité qui unit les membres de la Société des nations civilisées » est sans précédent. La Conférence n'est pas parvenue à instituer le régime de l'arbitrage international obligatoire, mais la voie est ouverte à la conclusion de conventions particulières d'arbitrage obligatoire. En attendant, quand les puissances le voudront, elles trouveront des arbitres à La Haye.

Les dispositions de la Convention, sur les lois et coutumes de la guerre sur terre interdisent formellement :

« Art. 23... c) de tuer ou de blesser un ennemi qui, ayant mis bas les armes ou n'ayant plus les moyens de se défendre, s'est rendu à discrétion ;

« d) de déclarer qu'il ne sera fait de quartier ;

« g) de détruire ou de saisir des propriétés ennemies, sauf les cas où ces destructions ou ces saisies seraient impérieusement commandées par les nécessités de la guerre.

« Art. 28... De livrer au pillage même une ville ou une localité prise d'assaut ».

Une telle limitation des droits de la guerre est un fait capital dans l'histoire de la civilisation. La morale, l'humanitarisme, doivent s'en applaudir grandement.

Le préambule de la même convention (sur les lois et coutumes de la guerre sur terre) impose aux nations le respect « des principes du droit des gens, « tels qu'ils résultent des usages établis entre nations « civilisées, des lois de l'humanité et des exigences de « la conscience publique ». Ainsi, ces principes, ces lois et ces exigences sont devenus conventionnels, et par conséquent de droit positif. Les usages contraires aux lois de l'humanité et aux exigences de la conscience publique sont écartés.

Le 18 Octobre 1907, une deuxième conférence intergouvernementale pour la Paix se réunit à La Haye. Quarante-quatre nations constituant la presque totalité de l'univers policé, y prennent part.

La conférence a longuement envisagé le problème de l'arbitrage obligatoire. A l'unanimité elle en a voté et adopté le principe. Trente-deux Etats se sont entendus pour admettre une convention établissant l'obligation de l'arbitrage savoir : dans un certain nombre de cas, sous les réserves ordinairement contenues dans les traités conclus de nation à nation depuis 1903 (indépendance, honneur, intérêts vitaux) et dans une série d'autres cas, sans aucune réserve. La règle de l'unanimité ne permit pas de faire de cette convention un acte de la Conférence. Ce sera sans doute l'œuvre de la troisième Conférence dont la réunion est projetée pour 1915. En attendant, les hautes parties contractantes furent unanimes à déclarer « que certains différends et notamment ceux relatifs à l'interprétation et à l'application des stipulations conventionnelles internationales sont susceptibles d'être soumis à l'arbitrage obligatoire sans aucune restriction ».

Un projet de « Cour de justice arbitrale », véritable Tribunal international permanent a été adopté. Il sera une réalité aussitôt que les gouvernements auront pu s'entendre sur le mode d'élection des juges.

Enfin, les plénipotentiaires de 1907 décidèrent l'établissement d'une *Cour internationale des prises*. Bien que destinée à fonctionner en temps de guerre, cette création est la marque d'un progrès considérable dans la reconnaissance du droit, par les Etats ; une juridiction internationale se substitue, du consentement de tous, à des juridictions nationales. La Conférence de Londres, réunie en 1909, a énoncé les règles que devraient appliquer les membres de la Cour des prises.

Des Conventions de La Haye il résulte formellement que « l'appel aux armes » n'est plus qu'une hypothèse extrême, conséquence d'évènements que la sollicitude de toutes les nations n'auraient pu détourner. Ses effets désastreux doivent être limités. Sa survivance ne doit point empêcher la limitation des charges militaires excessives qui pèsent sur le monde. (1).

Le 14 Octobre 1903, la France et la Grande-Bretagne signent le premier traité d'arbitrage permanent conclu entre grandes puissances. Il permet la signature, le 8 avril suivant, d'un traité général par lequel toutes les difficultés pendantes entre les deux pays étaient, en quelque sorte, résolues. C'était la naissance de l'entente cordiale. Le 25 Décembre 1904, la France et l'Italie engagées dans des alliances adverses, n'en concluent pas moins un traité analogue à celui du 14 Octobre 1903. Ainsi les deux nations sœurs peuvent établir entre elles un régime d'amitié.

Au 31 Décembre 1910, il doit exister 31 traités internationaux contenant les clauses générales d'arbitrage, 149 traités ordinaires d'arbitrage permanent et 17 traités ne contenant aucune réserve. (2).

La partie principale de l'œuvre de la troisième conférence de La Haye sera la codification du Droit de la Paix. Il importe en effet que les arbitres et les juges aient des lois précises à appliquer, qu'ils puissent baser leurs décisions sur des principes reconnus.

Au récent Congrès de la Paix de Stockholm, M. Émile Arnaud a présenté un projet de « Code international public » en 145 articles, projet qu'il

---

(1) *Résolution du Congrès de Londres*, 1908.
(2) Pour tout ce qui concerne les Traités d'Arbitrage, voir *l'Histoire Sommaire de l'Arbitrage permanent par Gaston Moch*, éditée par *l'Institut International de la Paix*, Monaco (1910).

dit être « la résultante d'un très grand nombre de travaux antérieurs », notamment des études de Bluntschli, de Dudley Field, de Leone Levi, de M. Pasquale Fiore, de M. Duplessis, etc...

« Cette œuvre, dit son auteur, n'en est pas moins établie sur un plan nouveau : celui qu'impose la conception pacifiste. Elle contient, autant qu'il nous a été possible de les y introduire, les principes de liberté humaine, de libre disposition des peuples par eux-mêmes, d'égalité des nations, de fraternité et de solidarité générales, qui sont notre loi à tous, notre règle et notre conscience communes ». (1).

Dans les titres qui traitent de la souveraineté, des territoires nationaux et internationaux, des droits et des devoirs des Nations au regard des individus, de la protection nationale des individus, de la protection internationale des individus et des peuples, l'auteur a réclamé le respect des droits de l'homme étendu aux collectivités humaines, aux groupements non policés comme aux peuples organisés. Aux "Obligations internationales", il a noté que l'exécution d'une sentence arbitrale ou d'une décision judiciaire rendue entre nations constitue une obligation internationale stricte.

Les conflits entre les collectivités nationales étant, comme les différends individuels, inhérents à la nature humaine, M. Emile Arnaud stipule, à défaut d'une solution amiable d'un conflit, sa solution obligatoire par le droit. Il indique un mode de fonctionnement de l'Union pacigérante et, comme mesures coercitives il ne retient que la rétorsion, les représailles ou l'embargo, appliqués aux relations diplomatiques ou économiques, postales, télégraphiques, téléphoniques, aux communications par voies ferrées ou autres. « Nous avons prévu, dit-il, que les obstacles réitérés apportés par une nation à la

(1) Les États-Unis d'Europe, Août-Septembre 1910.

solution juridique d'un conflit ou le refus d'exécuter une décision de justice, autoriseraient les autres nations à prononcer contre elle la mise en interdit, avec application des mesures coercitives pacifiques dont nous venons de parler. Nous croyons que ce mode de sanction de la justice internationale sera irrésistible, car aucun peuple ne peut, à notre époque, vivre à l'écart du monde civilisé et ce sont les nationaux eux-mêmes qui, au bout de quelques jours d'isolement, contraindraient leur Gouvernement à s'exécuter et à solliciter leur rentrée dans la vie internationale ».

Enfin, dans une disposition finale l'auteur prévoit que, à défaut de textes et de règles résultant soit du Code adopté, soit de conventions spéciales, ce sont les lois générales de l'humanité, les exigences de la civilisation et de la conscience publique, les usages internationaux conformes à ces exigences et à ces lois qui régiraient les rapports entre les nations.

L'Union des Républiques Américaines, réunie en conférence à Buenos-Ayres en 1910 a décidé d'adopter un Code international public pour les États de l'Amérique.

La Loi des Nations est donc à l'ordre du jour. Son adoption prochaine sera le couronnement de l'édifice juridique élevé progressivement et péniblement par les Nations, à travers les âges.

CHAPITRE V

Le Pacifisme.

Il convient, à la suite de cette étude, de s'arrêter quelque peu sur le puissant mouvement moral qui vulgarisa parmi les peuples l'idée de l'arbitrage international et en réclama des gouvernements l'étude approfondie. Ce mouvement prend au XIX° siècle un caractère de cohésion qu'il n'avait pas. Ce ne sont plus des rêves individuels ; c'est une action commune ; c'est une doctrine ; c'est aujourd'hui un parti.

Nous aurons d'ailleurs, dans le rapide tableau que nous allons présenter des progrès de l'idée pacifiste au XIX° et au début du XX° siècle, la grande satisfaction de rendre hommage à quelques esprits d'élite qui, en Allemagne même, n'ont pas craint de prendre part au mouvement en faveur de la paix et de protester contre l'immoralité de la politique bismarckienne.

Heureusement pour les progrès de l'idée de morale, Napoléon et Bismarck ne sont pas tout le XIX° siècle.

Les hommes, qui de tout temps avaient souffert de la guerre, ne s'étaient pas organisés en vue de la combattre, de signifier à leurs gouvernants leur aspiration vers la Justice et vers la Paix. Le XIX° siècle vit les commencements de cette organisation.

William Penn qui, au XVII° siècle, avait, pour

organiser la Pensylvanie, conclu avec les tribus indigènes des traités qui lui assurèrent leur amitié, laissa aux États-Unis d'Amérique des disciples de plus en plus nombreux. A l'heure où l'Europe était le théâtre de véritables carnages, peut être même à la suite des récits effroyables qui en parvenaient en Amérique, en 1815, se fonda à New-York la première association des Amis de la Paix. Presque en même temps des sociétés analogues virent le jour dans les États de l'Ohio et du Massachusetts.

Leur principal initiateur fut le docteur Noah Worcester qui publia aux États-Unis, dans la *Solemn review of the custom of the war*, un examen du système de la guerre.

William Ellery Channing fut, à la fois, leur prédicateur et leur principal écrivain.

A la même époque un journal anglais *The Philanthropist* publiait, également en 1815, un article dans les mêmes sentiments que l'écrit de Worcester. Et le 11 juin 1816 la *Peace Society* de Londres était fondée. Le docteur Nowring fut son principal propagandiste. Les sentiments d'humanité qu'il sut propager furent entendus à l'étranger, notamment en France.

En 1821 se fonda à Paris, sous la présidence du duc de La Rochefoucauld-Liancourt la Société de la *Morale Chrétienne*. Elle compta parmi ses membres : Benjamin Constant, le duc de Broglie, Lamartine, Guizot, Hippolyte Carnot, Duchâtel, etc... Elle constitua dans son sein, le 24 Mars 1841 un *Comité de la Paix*. Elle dura un quart de siècle.

Le Comte de Sellon fonda à Genève, en 1830, une Société de la Paix. Il fit élever, dans ses jardins, au bord du lac Léman, un obélisque pour consacrer cet événement.

Le premier Congrès de la Paix se réunit le 22 juin 1843 à Londres. Présidé par Ch. Hindley, membre du Parlement, il compta des délégués d'Irlande, d'Ecosse, d'Angleterre et des Etats-Unis. M. de La Rochefoucauld-Liancourt y prit part. Le Congrès se prononça en faveur de la médiation obligatoire et décida de présenter à tous les gouvernements civilisés une adresse les priant d'inscrire, dans leurs traités, une clause en ce sens. Cette adresse fut présentée à Louis-Philippe, qui répondit : « La Paix est le besoin « de tous les peuples. Grâce à Dieu, la guerre coûte « beaucoup trop aujourd'hui pour s'y engager sou- « vent, et je suis persuadé qu'un jour viendra où, « dans le monde civilisé, on ne la fera plus. »

A la suite de ce Congrès le mouvement en faveur de la Paix prit un nouvel essor; de nombreux prosé- lytes se révélèrent. Un forgeron des Etats-Unis, Elihu Burritt, fit une propagande active en Amérique, et vint en Europe en 1848. Reçu avec enthousiasme par les amis de la Paix de Londres, on décida de provoquer à Paris, où la République venait d'être proclamée, un Congrès analogue à celui de Londres.

Dès l'année précédente quelques membres de la *Société du Libre Echange* de Paris, Frédéric Bastiat, Francisque Bouvet, Denis Potonié, avaient jeté les bases d'une nouvelle société de la Paix. Mais le droit de réunion ayant été suspendu, ce projet ne put aboutir. Lors de la visite d'Elihu Burritt, qu'accom- pagnait Henry Richard, le célèbre secrétaire de la *Peace Society* anglaise, les mêmes hommes, et Joseph Garnier, le duc d'Harcourt, Wolowski, Peupin, Gus- tave de Molinari, tentèrent la préparation du Congrès de Paris. Les journées de juin entravèrent ces prépa- ratifs et on décida de se réunir à Bruxelles (1).

Une députation composée de MM. John Scoble, de Londres, George Bradshaw, de Manchester, et Bur- ritt, fut parfaitement accueillie par le ministre de l'intérieur de Belgique, M. Charles Rogier. A sa

(1) Cf. Edmond Potonié, *Historique du mouvement paci- fique.*

demande, Auguste Visschers, conseiller des Mines, accepta la présidence du Comité d'organisation du Congrès qui fut fixé au 20 septembre. La veille, 160 personnes dont 30 dames s'embarquèrent à Blackwall sur le bateau à vapeur la *Girafe* à destination d'Ostende. Une immense bannière blanche, symbole de la Paix, était hissée sur le grand mât. En descendant la Tamise, la *Girafe* rencontra des navires de guerre dont les équipages saluèrent de leurs hurrah les amis de la Paix.

Le 20 septembre, dans la salle de la Grande Harmonie, Auguste Visschers ouvrit le *Premier Congrès des Amis de la Paix universelle*.

« Ainsi que le monde physique, le monde moral a ses lois souvent encore indéfinies, dit-il dans son discours. Dans ses évolutions l'humanité suit une marche qui révèle la grande pensée du Créateur : c'est le progrès. Le monde moral, comme le monde matériel, a ses types organiques ; la pensée humaine se moule, prend une forme pour un temps ; puis, quand ce temps est écoulé, elle brise la forme pour en revêtir une nouvelle. La pensée humaine grandit toujours ; elle a commencé l'association, la fédération entre des familles ou des tribus ; elle se proposera un jour, elle se propose dès maintenant, la fédération de la grande famille humaine...

« La Ligue européenne de Henri IV eût demandé la création de forces militaires imposantes, des flottes, des armées. Aujourd'hui, grâce aux progrès de la civilisation, malgré la tourmente, le moment n'est pas éloigné où les nations, averties des maux de tous genres que la guerre renferme dans ses flancs, ne la verront qu'avec horreur. L'opinion dominera le monde. Quand toutes les nationalités seront librement constituées, l'esprit de conquête et de domination deviendra impossible. »

Le président de l'Association pour la liberté commerciale, Ch. de Brouckère, adressa au Congrès

l'adhésion de son Association en ces termes : « Mes-
« sieurs, les économistes sont naturellement partisans
« de la fraternité des peuples; en travaillant au
« triomphe de leurs doctrines, ils poussent à la paix
« universelle. Nous faisons des vœux ardents pour
« que vos efforts soient couronnés de succès. »

L'ordre du jour porte : « Iniquité, inhumanité et
« absurdité de la guerre comme moyen de solution
« des différends entre les nations. » Edmond Fry
répond : « Une question d'une importance universelle,
c'est de savoir si la coutume qu'ont les nations de
décider leurs querelles en faisant appel aux armes, se
trouve d'accord avec l'esprit de la religion; il est aussi
important de savoir si elles peuvent concilier ce système avec les enseignements de la raison, de la justice, de l'humanité et de la religion. »

Francisque Bouvet, membre de l'Assemblée nationale de France, s'exprime ainsi : « J'aurais voulu
que le préambule philosophique placé en tête de la
Constitution de mon pays contint le simple vœu de
voir un jour s'établir une juridiction internationale
pour remplacer la guerre, juger les différends élevés
entre les États, garantir les traités et régler les grands
mouvements de l'esprit humain en vue de la moralité et du bien-être des sociétés. Que faisais-je donc
en cela, messieurs, si ce n'est d'apporter à l'édifice
tout chrétien qui s'élève en ce moment en France une
pierre retrouvée des bases de l'ancienne chrétienté.
Que faisais-je sinon d'indiquer une issue pour rentrer, par la voie politique, dans la forme religieuse
des conciles œcuméniques de la primitive Église :
forme colossale, messieurs, forme imposante au delà
de laquelle le génie politique n'a plus rien à créer,
mais dans laquelle il peut coordonner admirablement
l'activité morale et matérielle des sociétés. »

Le baron de Reiffenberg, de l'Académie royale des
sciences et belles-lettres de Belgique, se fait entendre.
Ewart, membre, et Buckingham, ancien membre du

Parlement britannique, affirment que l'immense majorité de leur Parlement est favorable à la Paix. Aux applaudissements prolongés de l'assistance, ce dernier rappela l'apologue de Franklin, que nous pouvons bien répéter ici :

« Un être intelligent, dit Franklin, se vit transporté dans les cieux par un ange qui lui fit voir les principales planètes. Notre voyageur demanda à voir la terre : l'ange le suspendit dans les airs au-dessus de la mer des Antilles, au moment où la flotte anglaise de l'amiral Rodney allait combattre la flotte française commandée par le comte de Grasse. Ces deux flottes étaient montées par des milliers d'hommes qui ne s'étaient jamais rencontrés auparavant, et qui n'avaient par conséquent aucun sujet de haine ou d'inimitié. Tout à coup d'un côté on arbora un pavillon rouge, de l'autre un pavillon blanc; et à ce signal les deux flottes lâchèrent leurs bordées jusqu'à ce que les ponts des vaisseaux fussent inondés de sang et jonchés de cadavres mutilés.

« A cet affreux spectacle le voyageur s'écrie : Ah! mais vous m'avez trompé; ce n'est pas la terre, c'est l'enfer que vous me montrez. — Non, dit l'ange, les démons sont plus sages que les hommes, ils ne se battent pas entre eux; les hommes emploient leurs forces à s'exterminer. »

Henry Richard démontre que la guerre est incompatible avec les préceptes et l'esprit du Christianisme. « Mais on nous dira : Où est votre puissance pour changer un état de choses consacré par les siècles? Notre puissance! elle est dans la vérité dont nous sommes les organes. Nous la ferons rayonner, cette vérité, sur l'opinion publique qui la réfléchira avec cette force d'action qui lui appartient; nous la ferons pénétrer dans la conscience humaine, et lorsque les convictions se seront formées, elles auront assez de pouvoir pour frapper d'inertie les bras qui oseraient encore saisir les armes.

« Avant tout, nous devons montrer la guerre sous
ses couleurs réelles. Arrachons-lui le masque dont
elle se couvre la figure; et, sans égard pour le vernis
d'honneur, de patriotisme et de gloire sous lequel elle
se déguise, dévoilons-la aux yeux du monde sous son
véritable aspect, sous celui d'un gigantesque meur-
trier, ivre d'ambition et de carnage et ceint du sang
de ses innombrables victimes. »

La résolution suivante, proposée par le Comité, fut
adoptée; un seul membre se leva contre :

« Le Congrès déclare que l'appel aux armes pour
résoudre les différends internationaux est un usage
que condamnent à la fois la religion, la raison, la
justice, l'humanité et l'intérêt des peuples. En conséquence, c'est pour le monde civilisé un devoir et un
moyen de salut d'adopter les mesures propres à amener l'abolition entière de la guerre. »

La proposition ci-après est discutée ensuite :

« Utilité et nécessité de l'adoption par tous les
gouvernements, dans les traités à intervenir, d'une
clause par laquelle les différends qui pourraient
s'élever entre eux, et pourraient conduire à un appel
aux armes, seraient soumis à un arbitrage et arrangés
par voie de médiation. »

M. Scoble donne lecture d'une importante lettre de
Richard Cobden. Elle réclame la clause de médiation
dans tous les traités, un Congrès des nations pour
former un Code international, la recommandation
d'un désarmement général. La situation économique
de l'Europe l'exige. « On m'objectera peut-être que
j'en appelle à des motifs peu élevés, en envisageant
ainsi la question sous le point de vue pécuniaire. Cela
est vrai; mais si le Nouveau Testament n'a pu inspirer aux nations chrétiennes la foi dans les principes
de la paix, je suis bien excusable de démontrer combien a été coûteux l'appui qu'on a cherché dans la
guerre pour se défendre. Lorsque Jenner faisait ses
appels à l'humanité de certaines autorités paroissiales,

il ne réussit à leur faire adopter sa découverte qu'en
leur prouvant qu'il en coûterait moins de faire vac-
ciner les pauvres que de payer les cercueils pour ceux
qui mouraient de la variole. Mais il n'y a pas de
danger que le Congrès perde de vue le côté moral de
la question. Le système moderne (car il est d'origine
moderne) de maintenir des armées permanentes en
temps de paix est un scandale pour la civilisation de
notre siècle. Il proclame une défiance complète de la
part de chaque nation européenne dans les protestations pacifiques des autres et nous fait retourner en
arrière, à cet état de société où les tribus barbares
étaient toujours armées, s'attendant à chaque instant
à être attaquées par leurs sauvages voisins.

« Probablement sur le continent on vous traitera
de ridicules, comme je l'ai été en Angleterre, pour
plaider en faveur d'une utopie telle qu'un désarmement général. La majorité de l'humanité est peut-
être opposée à nos vues ou seulement indifférente;
mais vous savez qu'en combattant pour un principe
basé sur la vérité, et sanctionné par la loi de Dieu,
nous n'avons qu'à persévérer pour changer notre
minorité en majorité. Votre Congrès sera la protestation contre un système qui répugne à l'humanité et
au sens commun. »

La proposition de Richard Cobden relative à la
rédaction et à l'adoption d'un Code « sanctionné par
« l'assentiment de toutes les nations » fut approuvée.
Il en fut de même de celle-ci :

« Il y a lieu d'appeler respectueusement l'attention
« des gouvernements sur la nécessité d'entrer par
« une mesure générale et simultanée dans un sys-
« tème de désarmement qui, en réduisant les charges
« des États, fasse en même temps disparaître une
« cause permanente d'irritation ou d'inquiétude. La
« confiance réciproque et l'échange des bons offices
« sont aussi favorables à chaque pays en particulier
« qu'au maintien de la paix et au développement de
« la prospérité des nations. »

Un deuxième Congrès International de la Paix se
tint à Paris en 1849. On remarqua parmi les membres : l'abbé Duguerry, curé de la Madeleine ; le pasteur Athanase Coquerel, représentant du peuple à
l'Assemblée législative ; Richard Cobden, qui jeta le
pasteur et le curé dans les bras l'un de l'autre ;
Ch. Hindley, de la Chambre des Communes ; Durkee,
membre du Congrès de l'Union des Etats-Unis, et
surtout Victor Hugo, son président, qui prononça un
discours enflammé d'espérance et justement célèbre :

« Vous venez, dit-il, des points du globe les plus
éloignés, ajouter aux principes qui dirigent aujour-
d'hui les hommes d'Etat, les gouvernants, un principe
supérieur. Vous venez tourner le dernier et le plus
auguste feuillet de l'Evangile, celui qui impose la
Paix aux enfants du même Dieu, et, dans cette ville
qui n'a encore décrété que la fraternité des citoyens,
vous venez proclamer la fraternité des hommes...

« La loi du monde n'est pas et ne peut pas être
distincte de la loi de Dieu. Or la loi de Dieu, ce n'est
pas la guerre, c'est la paix... Un jour viendra où
vous ne ferez plus la guerre, où vous mettrez l'urne
du scrutin à la place des lances et des épées... où un
concile souverain et populaire fera surgir la justice
de tous les cœurs, dira à chacun : là finit ton droit,
ici commence ton devoir! bas les armes! vivez en
paix!... Ce jour-là vous ne vous appellerez plus la
guerre, vous vous appellerez la civilisation!...

« Désormais le but de la politique vraie le voici :
faire reconnaître toutes les nationalités, restaurer
l'unité historique des peuples, et rallier cette unité à
la civilisation par la paix, substituer les arbitrages
aux batailles; enfin, faire prononcer par la justice le
dernier mot que l'ancien monde faisait prononcer par
la force. »

Ce congrès reçut également l'adhésion de l'archevêque de Paris, de Michel Chevalier, Augustin
Thierry, Barthélemy Saint-Hilaire, etc...

Ce mouvement pour la paix était bien, dans l'esprit même des premiers propagateurs, un mouvement moral ayant pour fin l'amélioration des rapports internationaux, le respect de la justice. On peut s'en convaincre en lisant le début des résolutions prises à ce Congrès de Paris de 1849 : « Le recours aux armes étant condamné par la religion, la morale, la raison, l'humanité, c'est pour tous les hommes un devoir, etc... » et encore : « La paix pouvant seule garantir les intérêts moraux des peuples... » Il vint naturellement à l'idée de ces amis de la Paix de chercher les moyens d'assurer la justice entre les Etats, et de prévoir les sanctions; ils travaillent depuis ce temps à imposer l'Arbitrage. C'est là le but précis vers lequel se sont dirigés depuis 60 ans leurs efforts. Nous verrons dans quelle mesure ces efforts ont été couronnés de succès. Pour le moment, il faut remarquer les travaux de ces amis de la justice, se pénétrer des progrès immenses accomplis par leurs idées, et noter le nombre chaque jour croissant de leurs adeptes. Ce nombre augmente actuellement si vite qu'on ne peut plus considérer le pacifisme comme sans portée; et il nous est permis d'espérer qu'en un jour prochain la morale régnera entre les nations dans ce vieux monde fatigué de barbarie, et l'éclairera de sa lumière de justice, de bonheur et d'amour.

En 1850, un nouveau Congrès de la Paix se tient à Francfort-sur-le-Mein. Il organise le mouvement de la paix, encore à ses débuts. Il donne lieu à d'intéressants débats sur la morale privée, notamment sur le duel. Emile de Girardin y prend une part émue mais active. Cette remarquable série de Congrès en faveur de la Paix se termine par les réunions de Londres en 1851 et d'Edimbourgh en octobre 1853, celle-ci tenue sous la présidence du Lord Prévôt d'Edimbourg, assisté de John Bright et de Richard Cobden.

Dans les luttes soutenues à cette époque en faveur

de la liberté des peuples, on proclame fréquemment
l'inviolabilité de la vie humaine. O'Connel s'écrie,
dans un superbe discours: « Il n'y a pas une réforme,
« si importante qu'elle soit, qui mérite d'être achetée
« au prix d'une goutte de sang innocent. »

La politique du second Empire, d'une part, la
politique Bismarkienne, d'autre part, enrayèrent les
progrès du mouvement en Europe.

En 1867 cependant, presque simultanément,
naquirent, à Paris, la *Ligue Internationale et Permanente de la Paix*, et, à Genève, la *Ligue Internationale de la Paix et de la Liberté*. La question
du Luxembourg, de minime apparence, menaçait de
devenir, entre la France et l'Allemagne, une cause
de conflit sanglant. (1).

M. Frédéric Passy, Gustave d'Eichthal, et le pasteur
Martin Paschoud, prirent, par trois lettres à Nefftzer,
rédacteur en chef du *Temps*, l'initiative de la première Ligue : « L'Europe entière, dit M. Frédéric
« Passy (2), vainement travaillée par les ambitions
« et les soi-disant habiletés qui la poussent à se
« déchirer, répudie manifestement les cupidités et
« les haines surannées qu'on lui prête, et se refuse à
« des sacrifices dont l'absurdité égalerait l'horreur.
« Qu'un cri s'élève, assez fort pour être entendu de
« toutes les nations, et toutes les nations le répéteront
« d'une même voix : de la voix des politiques pré-
« voyants, qui savent qu'on ne joue pas avec le feu ;
« de la voix des économistes et des industriels, qui
« ont fait le compte des désastres de cette destruction
« volontaire que l'on persiste à glorifier ; de la voix

(1) Le Grand-Duché du Luxembourg fut neutralisé sous la
garantie européenne, par le traité du 11 mai 1867 issu de la
Conférence de Londres. A la suite d'une déclaration de M. Eys-
chen, premier délégué luxembourgeois à la 1re Conférence de la
Paix (La Haye, 6 juin 1899), la condition internationale du
Luxembourg fut à nouveau affirmée. (Cf. A. Mérignhac, *Traité
de Droit international public*, p. 69).
(2) Frédéric Passy, *Pour la Paix*.

« des philosophes et des chrétiens, aux yeux desquels
« la vie humaine est sacrée, et toute grandeur mau-
« dite quand elle est achetée au prix du sang inno-
« cent; de la voix des mères, enfin, qui depuis tant
« de siècles protestent contre les fureurs de la guerre,
« et qui se lassent d'en appeler silencieusement au
« ciel contre les ravisseurs de leurs fils. Ce cri,
« demain, peut-être, retentira d'un bout à l'autre du
« monde civilisé... »

Jean Macé et la Ligue de l'enseignement recueil-
laient des signatures au bas de pétitions ou de
déclarations contre la guerre. Des adhésions parvenaient de tous côtés. De France : Arlès Dufour,
Michel Chevalier, le Père Charles Perraud, le Père
Gratry, qui demandait à être « le premier grenadier
du régiment de la Paix »; le Père Hyacinthe Loyson,
Jean Dollfus, le grand rabbin Isidor, etc... Auguste
Couvreur, de Belgique; Cantu, d'Italie; les profes-
seurs ou conseillers Altgeld, Warrentrap, Liebig et
autres, d'Allemagne; Frederik Bajer, de Danemark;
Hedlung, de Suède; Alfred Love, de Philadelphie...
Jean Dollfus fut le premier président de la *Ligue
Internationale Permanente de la Paix*. La propagande faite par cette Ligue, sous la direction de son
secrétaire général Frédéric Passy, fut des plus in-
tenses. Edouard de Laboulaye fut un de ses orateurs,
pendant que M. Paul Leroy-Beaulieu écrivait *Les
Guerres contemporaines* et que le Père Gratry prê-
chait *L'Evangile de la Paix*.

La guerre de 1870, pendant laquelle la Ligue
adressa d'éloquents appels, amena sa dislocation. La
Société des Amis de la Paix lui succéda en 1872.
Dans son premier manifeste, la société nouvelle
demanda la « réparation due à ceux que l'injustice a
lésés ». Elle la demandait « au travail qui procure la
« puissance matérielle, la richesse, la population, et
« à la sagesse qui assure la puissance morale, le res-
« pect, l'estime, la sympathie au progrès des idées
« et des mœurs, et publiques et privées.

« Et cela au nom de deux principes : le premier,
c'est que chaque peuple, comme chaque homme,
s'appartient ; le second, c'est que les peuples sont
solidaires. Avec, comme sanction, un moyen de
régler les différends, moyen moins barbare et plus
efficace que « l'interminable bascule des jeux de la
force et du hasard ». Ce moyen, c'est « la substi-
« tution à l'aveugle « jugement de Dieu » (au stupide
jugement du démon, pour mieux dire) du procédé si
simple, si équitable et si pratique de l'arbitrage ».

En 1888, la *Société française des Amis de la
Paix*, que présidait M. Frédéric Passy, devint la
Société française pour l'arbitrage entre nations,
que préside aujourd'hui le successeur de M. Passy,
devenu président honoraire, M. le professeur Charles
Richet.

L'histoire de la *Ligue Internationale de la Paix
et de la Liberté* commence à Genève le 12 septembre
1867, dans la vaste salle du Palais Electoral, où
6.000 personnes se trouvent réunies sous la présidence de Garibaldi. Vingt mille adhésions avaient été
reçues en réponse à l'appel du Comité, que M. E. Mangin avait publié le 5 mai 1867 dans *Le Phare de la
Loire*. Cet appel disait : « Au fond rien ne sera
« changé quand on aura neutralisé le Luxembourg...;
« parce qu'un incident aura été vidé, le procès n'en
« demeurera pas moins pendant. Il y a pour nous à
« chercher les moyens légaux de donner plus d'au-
« torité aux vœux de l'opinion en faveur de la paix,
« et de dissiper de déplorables préventions natio-
« nales. »

Parmi les signataires du premier manifeste, nous
retrouvons : Louis Blanc, Albert Bordillon (d'Angers);
Barthélemy Saint-Hilaire, Cantagrel, Victor Chauf-
four-Kestner, Dupont (de Bussac) ; Girard, Greppo,
Victor Hugo, Pierre Leroux, Edgard Quinet, Ver-
signy, anciens représentants du peuple ; Carnot, Jules
Simon, Jules Favre, Magnin, Eugène Pelletan,

députés au Corps législatif ; Emile Acollas, Camille Bocquet, Clamageran, André Rousselle, E. Bonnemère, Léon Brothier, Auguste Barbier, A. et W. de Fonvielle ; les rédacteurs du *Temps*, Brisson, Gustave Isambert, A. Kaempfen, A. Hébrard, E. Singuerlet, Kergomard, Evariste Mangin, Antide Martin, E. de Pompéry, etc... Elie et Elisée Reclus (ce dernier de la *Revue des Deux-Mondes*) ; Jules Vallès, Eugène Véron, Jules Barni, E. Vacherot, A. Dumesnil, Marais, A. Naquet, les docteurs Barrier, Clavel et Guépin (de Nantes) ; Scheurer-Kestner, Armand Leygue, Gustave Flourens, Littré. Parmi les Italiens, aux côtés de Garibaldi, le colonel Frapolli, Mazoni, le député Mauro-Macchi. D'Angleterre : John Stuart-Mill, John Bright, Beales, et Arnold, président et secrétaire de la *Reform League*. De Belgique : Frédérics. De Russie : Hertzen, Ogareff, etc.

Voici les considérants de ce manifeste, qui convoquait en Congrès international de la Paix tous les amis de la libre Démocratie :

« Considérant que l'établissement et le maintien de la paix générale sont au premier rang des devoirs et des intérêts des nations ;

« Que ce but ne peut être atteint que par la Confédération des peuples, laquelle est inséparable de leur émancipation politique ;

« Considérant que la paix résulte de la liberté aussi nécessairement que la guerre de l'oppression ;

« Considérant qu'en l'absence d'un droit international qui assure à la fois la paix et la liberté, le seul moyen de prévenir les maux et les crimes des guerres de conquête et d'agression, ne doit et ne peut être cherché que dans l'union libre, permanente et publique des citoyens de toute nation qui, comprenant la grandeur de cette œuvre, en voudront efficacement la réalisation. »

Le rôle que nous avons attribué à la politique allemande nous conduit à donner aux adhésions venues d'Allemagne et aux polémiques que la préparation du Congrès de Genève a soulevées dans ce pays, un certain développement. Il est équitable de rendre justice à l'énergie que déployèrent alors les esprits indépendants.

« Une volonté arbitraire, disait le docteur Karl « Grün, menace de lancer bien malgré eux, l'un « contre l'autre, les deux pays de France et d'Alle-« magne. Ne serait-ce pas attaquer la bête de front, « si l'intelligence, la science et le courage civil de la « France allaient se rencontrer avec les esprits « éclairés et les cœurs droits de l'Allemagne. »

Mais certains libéraux, qui se sont réconciliés avec la politique prussienne, se montrent très défiants. Les progressistes chargent le député coopérateur Schulze-Delitsch, de répondre au Comité d'initiative de Paris par un refus motivé (1).

« Nous sommes, Allemands, dit-il, le plus pacifique de tous les peuples civilisés. De pénibles troubles intérieurs ont pu seuls nous mettre dernièrement les armes à la main, et non contre l'étranger. Personne ici ne pense à opprimer les peuples voisins, et les hommes politiques ou journalistes français qui extravaguent sur de prétendus dangers dont notre constitution nouvelle menacerait la France, ne croient pas eux-mêmes à ce qu'ils disent... C'est sur le sol et aux dépens de l'Allemagne que se sont vidées toutes les grandes luttes européennes... L'Allemagne était l'objet commun de compensations pour toutes les parties belligérantes, pour le vainqueur comme pour le vaincu. Il faut que cela finisse à tout jamais. — Quelque entrave que la guerre ait apportée à notre progrès intérieur, quelque échec qui en résulte pour le parti démocratique dans sa lutte en faveur de la liberté entière et du droit égal de tous, dans ses principes de progrès humanitaire, civil et économique,

(1) Emile Arnaud, *Le Pacifisme et ses Détracteurs*.

cependant, en présence des tentatives que fait l'étranger pour s'ingérer frivolement dans nos affaires, nous nous levons tous comme un seul homme, prêts à repousser de telles prétentions... Personne en Europe ne songe à attaquer la France ni à s'immiscer dans ses affaires. Si donc des patriotes éclairés de votre pays voulant donner de la paix l'idée qu'il faut en avoir, c'est-à-dire la représenter comme condition indispensable de toute prospérité et de tout progrès humain, se réunissent pour agir sur l'esprit public, en manifestant au grand jour leur opinion, aucun théâtre ne convient mieux à cette manifestation que la France, pays qui, n'étant menacé d'aucun côté, a revendiqué pour lui, jusqu'à ce moment, l'honneur de prononcer dans l'empire du monde en dernier ressort, et le seul de qui on puisse craindre qu'il ne prenne l'offensive contre ses voisins... Au point de vue politique, l'adhésion des chefs de la démocratie allemande à la Ligue de la Paix serait une faute qui compromettrait à jamais son influence, car cette démarche paraîtrait anti-nationale dans ces moments où l'on ne parle en Allemagne que des armements de la France. »

Il résulte de cette lettre que l'éminent coopérateur n'admet pas le cynisme politique qui fait de la guerre un instrument de tyrannie ou de despotisme personnel. La paix y est reconnue comme nécessaire à toute prospérité et à tout progrès. Les protestations, cependant, ne se font pas attendre. M. Amand Goegg, ancien ministre des Finances de la République badoise, écrivit aussitôt une lettre reproduite par tous les journaux : « ...Dans la politique, M. Schulze-Delitsch appartient à cette école qui, depuis des années, a pris pour devise : « La Prusse, à tout prix, à la tête de l'Allemagne! » Et pour atteindre ce but, ils n'ont reculé ni devant l'exclusion de l'Allemagne des dix millions d'Allemands de l'empire autrichien, ni devant le danger que courait la liberté en laissant la Prusse s'emparer de toute l'Allemagne pour former une forte monarchie provocatrice.

« Sans s'en douter peut-être, M. Schulze-Delitsch et ses collègues ont rendu un grand service à M. de Bismarck. Grâce à eux, il put entreprendre, sous prétexte d'aspirations nationales, la guerre fratricide de l'année dernière et s'emparer pour le compte de la Prusse des grandes et riches provinces allemandes qui voulaient conserver leur indépendance sous la forme d'une confédération. Heureusement il y a encore en Allemagne d'autres hommes distingués qui savent éclairer le peuple sur ses vrais intérêts, et qui sont de force à lutter contre cette malheureuse tendance de la Prusse qui veut former une grande monarchie militaire centralisée, qui épuise les ressources du peuple allemand, et qui sera toujours prête à commencer une guerre contre d'autres monarchies rivales.

« MM. Jacoby, de Kœnigsberg; Dunker, de Berlin; Wiegard, de Dresde; Bebel, de Leipzig; Trabett, de Hanau; Dumont, de Mayence; Grün et Welker, d'Heidelberg; Mayer et Haussman, de Stuttgard; Kolb, de Munich; Kopp, de Vienne; Reiganum, de Francfort; Titus, de Bamberg; Feder, d'Offembourg; Bürgers et Classen-Kappelmann, de Cologne; et beaucoup d'autres chefs et députés tiennent aussi avec le peuple allemand à l'honneur national, mais ils veulent avoir l'Allemagne constituée de manière à ce qu'elle n'excite pas la défiance de l'étranger, et à ce que le peuple soit libre et non écrasé par les taxes et le service militaire... »

M. le docteur Heinrich Wuttke, ancien membre de l'Assemblée nationale allemande de 1848, écrit de son côté : « Nous sommes encore plus loin aujourd'hui qu'on ne l'était en 1790 de l'idéal d'Emmanuel « Kant. Le césarisme s'est emparé du monde; nous « sommes entrés dans l'ère des guerriers... Les plus

« ardents efforts, les sacrifices les plus considérables
« sont devenus nécessaires pour éviter l'énorme
« danger dont la situation actuelle des affaires pu-
« bliques menace la civilisation européenne.— Par
« des forces artificielles et astucieuses, l'opinion
« publique a été pervertie en Allemagne. .

« Les propagateurs de la mission allemande de la
« Prusse, de la suprématie exclusive de la Prusse,
« ont réduit à l'impuissance, en les calomniant, ceux
« qui osent encore élever l'ancien drapeau de la
« liberté, de l'égalité et de l'unité... Je suis d'une
« opinion contraire à celle de Schulze-Delitsch ; j'ai
« horreur des abus de la force brutale... »

Une protestation analogue contre le despotisme
militaire de l'Allemagne et ses dangers, est formulée
par le professeur de droit Ch. Roeder, de Heidelberg.

« L'adhésion au Congrès de Genève, dit le correspondant du *Temps*, M. E. Singuerlet, dans une lettre
du 2 septembre 1867, est devenue au delà du Rhin,
grâce aux circonstances, un *criterium* politique;
c'est par là que la démocratie pure se distingue de la
démocratie impérialiste. »

Le docteur Jean Jacoby est le chef du parti le plus
avancé du Parlement de Berlin. En octobre 1870, il
est jeté en prison pour avoir réclamé la paix. G. Fred.
Kolb, ancien membre du Parlement de Francfort
en 1848, Louis Frœbel de Munich, Ch. J. Prœtorius
d'Alzey, lancent de chaleureux appels à leurs compatriotes. De Zurich, Olshausen, ancien membre du
gouvernement de Schleswig-Holstein, le docteur
Nauwerck, ancien membre du Parlement allemand,
centralisent les adhésions des Allemands dispersés à
l'étranger. Louis Buchner apporte l'appui du Volks-
partei du Wurtemberg. L'assemblée de réorganisation
du parti démocratique allemand engage tous ses
membres à propager les principes exposés dans le

programme (1). Dans le Mecklembourg-Schwerin, l'agitation prend de larges développements. Le président d'une assemblée termine un beau discours en déclarant que, à sa grande joie, il avait reçu l'adhésion et la cotisation d'un théologien connu et respecté, qui les avait accompagnées d'un écrit étendu où il motivait son adhésion par un grand nombre de passages de la Sainte-Écriture. Brisant la tutelle de ses hauts protecteurs, la très puissante coopérative « Société Ouvrière » de Berlin adhère au Congrès de la Paix, donnant ainsi un exemple que la presque totalité des associations de travailleurs ont suivi, ainsi que les « Sociétés Populaires » de Furth, de Nuremberg, de Zwickau, de Heidenheim, de Hanau, de Dresde, etc...

Seuls, les amis de Bismark font défaut. Leur maître est, dès 1867, décidé à la guerre. Déjà il accuse, dit M. Émile Arnaud, la politique napoléonienne de la vouloir et de s'y préparer. « C'était à « celle-ci, prévenue, à ne pas tomber dans le piège « qui devait lui être tendu, et qui le fut en 1870. »

Mais nous voici au Congrès de Genève. Les gouvernants en craignent les conséquences et cherchent à le faire troubler. D'éloquents discours y sont néanmoins prononcés, dont certains sont devenus historiques, dont d'autres, moins connus, ont eu cependant une sérieuse influence sur le progrès des idées de paix en Europe.

Le président du Comité d'organisation, Jules Barni, après l'indication des moyens à employer pour substituer l'état de paix à l'état de guerre, s'exprime ainsi : « Je sais combien sont puissantes les étreintes du despotisme et combien les peuples élevés ou jetés dans la servitude manquent du courage nécessaire pour s'en affranchir; je sais combien le militarisme fait aisément illusion, en prenant la couleur du

(1) *Annales du Congrès de Genève*, p. 71.

patriotisme; je sais combien sont encore vives les jalousies et les haines internationales; mais je sais aussi qu'un grand progrès s'est déjà produit dans les idées et dans les faits depuis le siècle de la Renaissance et de la Réforme jusqu'au siècle de la philosophie et de la Révolution, que l'idéal est aujourd'hui clairement tracé et qu'il ne se peut pas que la lumière frappe en vain les yeux des peuples. »

Voici quelques passages du discours de Garibaldi :

« Si, à la vue d'une personne qui se noierait dans les flots de votre lac, mes enfants me demandaient : « Devons-nous aller à son secours, est-ce qu'elle le mérite? » je répondrais : « Ne calculez rien, n'appréciez pas ce qu'elle vaut, sortez-la du danger, aidez-lui.,. » De même, je ne suis point de l'avis de ceux qui disent : « Les peuples n'ont que ce qu'ils méritent, chacun pour soi, chaque pays pour lui-même... » Au contraire, je conseillerai toujours, chaque fois qu'une personne se trouvera en péril, de la sauver, quoi qu'il en coûte ; on le doit... Je vous demande pardon d'émettre ainsi nettement ma pensée. Dans cette enceinte où se trouvent d'éminentes intelligences de tous pays, je ne m'étendrais pas à donner la définition du despotisme; ici, il n'est pas besoin d'explications ou de déclamations sur cette question. Nous savons tous que le despotisme c'est le mensonge, c'est le fléau de l'humanité. Nous savons tous que le remède contre le despotisme, c'est la fraternité des peuples. »

Pierre Jolissaint, conseiller d'Etat du Canton de Berne, président de séance, dit : «Vous êtes venus poser les bases de la Sainte-Alliance et de la Solidarité des peuples. Vous êtes venus entreprendre une croisade sainte, toute de persuasion, pour désarmer les haines nationales, attaquer de front les préjugés d'un faux patriotisme, d'un faux point d'honneur qui met toutes les vérités à la pointe de l'épée ou de la baïonnette, vous êtes venus, en un mot, préparer l'établissement et le règne d'une *Justice internationale.* »

Edgar Quinet prononce le discours souvent cité sur la conscience humaine :

« Oui, j'ai vu mourir la conscience humaine en quelques mois, sous le pied du plus fort... Vous me dites que de pareilles morts de la conscience humaine se sont déjà vues sur la terre; que sous les Césars, il y a dix-huit siècles, l'âme humaine avait aussi disparu de la face du monde ; que les peuples avaient été aussi complices de leur esclavage; qu'ils y avaient applaudi; qu'ils n'ont pas montré un seul jour de regret; que la confiance dont on nous parle, ils l'ont gardée en maîtres, jusque dans le sépulcre monstrueux où ils sont descendus. Oui, je le sais. Pourtant vous m'avouerez ceci : la conscience humaine, en disparaissant, avait laissé quelque vide sur la terre; on le sentait comme aujourd'hui en toutes choses. Et savez-vous ce qu'il a fallu pour combler ce vide qu'avait laissé en se retirant et s'abaissant au-dessous de son niveau la nature humaine? Il a fallu un Dieu, un Dieu nouveau pour effacer la souillure et combler les abîmes de l'ancien césarisme. Qui viendra aujourd'hui combler les abîmes nouveaux où le second césarisme nous a précipités? C'est la première question que j'adresse à tout homme qui pense.

« ...Ah! oui! la paix! Nous la cherchons tous. Moi aussi, je l'ai connue. C'était une bonne déesse, charitable, humaine, souriant à tous; elle habitait avec le bon droit, avec le respect de la parole jurée, avec la lumière et la vérité.

« ...Tous les jours je m'étonne de voir des philosophes traiter de l'homme moral, de l'âme, de l'esprit, et ils ne s'aperçoivent pas que le sujet a disparu sous leur main. Retrouvez donc l'homme, s'il se peut; après cela vous discuterez son essence.

« Ténèbres sur ténèbres. Voilà celles qu'on nous a faites. Elles pèsent sur les nations comme sur les individus, et jusqu'à ce moment, nul effort sérieux pour en sortir.

« ...Préparez-vous, peuples, et saluez le retour et l'ère des *Divins Empereurs*. Voilà le centurion au seuil qui vous ordonne de mourir en masse. Obéissez, ouvrez vos larges veines. Couchez-vous dans la grande baignoire d'airain où peuvent tenir des nations entières. Mourez-y patiemment, lentement, goutte à goutte; rougissez de votre sang l'eau tiède de l'étuve impériale. Ainsi le veulent, ainsi l'ordonnent deux ou trois Césars que vous ferez vos héritiers.

« ...On vous accusera de ne pas donner des solutions absolues, comme on le dit, magistrales, à toutes les difficultés de la terre, de rester au-dessous de votre tâche, de ne pas corriger en une heure tous les vices de la mauvaise fortune, toutes les fautes accumulées par le vertige d'un seul, de ne pas refaire en trois jours le ciel du Droit, écroulé sur vos têtes.

« Vains reproches. La difficulté n'est pas de rassembler des hommes vivants, de bonne volonté, de les mettre en présence, de délier les langues et les esprits enchaînés. Soyez tranquilles! la nature humaine une fois retrouvée et rétablie, le reste viendra par surcroît. Ces grands proscrits, le Droit pour tous et la Liberté, sauront bien ce jour-là rompre leur ban et surgir de terre. »

Charles Lemonnier dit : « Les actes, les vrais actes humains, les vrais actes fraternels qui lient les peuples se font avec l'amour et avec la volonté. »

Jules Favre écrit : « Oui, le moment est venu où tous les cœurs généreux, toutes les intelligences libres doivent s'unir dans une même pensée : *l'anathème à la guerre*.

« Que dans un ordre d'idées qui m'échappe elle ait eu sa nécessité pour mélanger les peuples, qu'en répandant des torrents de sang, en enfantant d'épouvantables crimes, en favorisant de monstrueuses oppressions, elle ait développé d'héroïques vertus, fait surgir de grands caractères, accompli certains progrès généraux, cela est possible, mais aujourd'hui la science doit briser le glaive, la vapeur enclouer les canons. C'est par le commerce, par les arts, par les lettres, par la concurrence des industries que les nations doivent se rapprocher, elles ne doivent plus connaître d'autre rivalité que celle du travail et du génie.

« ...En présence des lamentables leçons que nous donne l'abus de la force, sacrifiant tant d'innocentes vies, gaspillant tant d'inestimables trésors suivant de capricieuses folies, il faudrait désespérer de la raison humaine pour ne pas croire que le jour est proche où les hommes s'uniront dans un accord général et chercheront de bonne foi à faire disparaître les causes suffisamment indiquées dans ces stériles catastrophes. »

Un député allemand, Louis Simon, de Trèves, est longuement acclamé :

« De nobles tendances vers le self government de la nation, soutenues longtemps avec honneur, se sont effacées devant le succès de la ruse, de la violence et de l'arbitraire. Comme excuse de cette déchéance morale, les chefs de partis invoquent les dangers menaçant l'intégrité du territoire allemand du côté de la France. Si ces dangers existent il n'est pas moins vrai qu'ils sont ardemment combattus par tous les esprits éclairés en France, qui préfèrent de beaucoup rentrer dans la jouissance de leurs libertés intérieures que de les voir ajournées par des compensations extérieures. (*Voix françaises : Certainement ! Bravo ! Bravo !*).

« Pourquoi les hommes éclairés de l'Allemagne n'en feraient-ils pas autant ? « Mais l'Allemagne ne « menace pas la France, tandis que la France est « bien menaçante pour l'Allemagne. L'Allemagne « n'a donc pas besoin de se rallier à la Ligue de la

« Paix, tandis que c'est un devoir pour la France. «
C'est là la réponse d'un patriote allemand qui a bien
mérité du peuple en combattant pour un self-
government économique.

« En ma qualité d'Allemand je suis fier de nos
grands penseurs, qui ont affranchi l'esprit dans le
ciel et sur la terre. Mais, hélas! les bras du peuple
allemand ont parfois et trop souvent servi la cause
du despotisme. Des mercenaires allemands ont combattu contre la république naissante de l'Amérique.
L'Italie a été opprimée pendant des siècles par l'Allemagne. Et même en 1792, qui est-ce qui a commencé
la lutte formidable entre la France et l'Allemagne ?
C'est le féodalisme allemand qui, sous les ordres
d'un généralissime prussien, a envahi la France
républicaine pour y rétablir la royauté par la grâce
de Dieu. Les conquêtes de l'Empire n'ont été que le
contre-coup de cette agression injuste. (*Mouvement
général.*)

« — Ah! nous ne ferons plus ça à l'avenir, nous
répondent les chefs du parti national allemand. »
Mais, mon Dieu! avant Sadowa vous le disiez aussi,
et la nation répétait à satiété que vous ne vouliez
pas d'une guerre fratricide. On vous a enrégimentés
et vous avez vaillamment combattu. Vous ne savez
pas vous-mêmes ce que vous ferez. Mais moi je vous
dis : « Si vous continuez à vous prosterner devant la
violence et l'arbitraire et à vous faire encadrer par
les hobereaux, vous ferez ce qu'on vous comman-
dera! »

« Vraiment une pareille Allemagne n'est pas une
voisine agréable, pas même pour la France libérale,
qui ne rêve ni conquête ni compensation! Il me
semble donc que l'Allemagne et la France devraient
travailler toutes les deux à leurs libertés intérieures
et à l'apaisement des esprits, afin d'éviter un choc
entre leurs gouvernements. »

Au début de 1870, à Berlin, on accusait les Amis

de la Paix d'abolir jusqu'à l'idée de patrie. Le président de la Ligue, Jules Barni, que peu de temps après le département de la Somme devait envoyer à l'Assemblée nationale, répondait avec Charles Montaud et le général polonais Bosak-Hauke qui se fit tuer pour la France sous les murs de Dijon : « Ce sont « ces hommes qu'on accuse d'abolir les patries, ces « hommes qui proclament l'union de tous les citoyens « dans la patrie, l'indépendance et la fraternité des « peuples, et l'union de toutes les patries dans l'hu- « manité. »

Victor Hugo préside le troisième Congrès de la *Ligue internationale de la Paix et de la Liberté*. De nombreuses personnalités de tous pays appuient sa propagande.

Dès le premier jour la Ligue déclare, avec Kant, que la politique n'est qu'une application de la morale, que le juste est le critérium et l'indicateur de l'utile.

En 1871, après le bombardement de Strasbourg, après le siège de Paris, après le rapt de l'Alsace et de la Lorraine, après la Commune, le cinquième Congrès s'ouvre à Lausanne. Sans aucune hésitation (1) la Ligue y applique ses principes au jugement des événements; elle accueille les proscrits, elle affirme l'obéissance aux verdicts de suffrage universel comme base du droit politique; elle pose l'autonomie de la personne humaine comme principe de la morale, de la politique, de l'économie sociale; elle déclare inaliénable et imprescriptible le droit de l'Alsace et de la Lorraine à disposer d'elles-mêmes; elle condamne les crimes commis à Paris sous quelque drapeau qu'ils se soient accomplis.

A Lugano, le sixième Congrès fait sortir du principe de l'autonomie de la personne, les réformes que réclame le droit pénal en déclarant que la peine ne

(1) L. I. P. L., *Résolutions votées dans les vingt-et-un premiers Congrès. Recueil officiel.*

doit jamais avoir pour raison ni pour objet l'expiation, que le mal ne doit jamais être puni par le mal.

Le septième, le huitième affirment la nécessité de Traités d'Arbitrage permanent entre les peuples. Ils déterminent les principes fondamentaux du droit international moderne positif, qui doit être conforme à la Morale basée elle-même sur l'autonomie de la personne humaine. Ils donnent la formule et le modèle d'un Traité d'arbitrage entre peuples.

Le vingt-et-unième Congrès a discuté la question de l'établissement d'un Tribunal international européen, et montré que la substitution de l'état juridique à l'état de trêve armée, qui n'est au fond qu'une forme adoucie de l'état de guerre, peut seule fonder la paix en fournissant aux peuples une garantie d'autonomie et de sécurité que le prétendu droit de guerre ne saurait leur donner; que cet état juridique implique la combinaison de la Fédération et de l'Arbitrage; finalement il conclut que c'est par une série progressive d'alliances ou de fédérations partielles sanctionnées chacune par l'établissement d'un tribunal d'arbitrage spécial, que les nations pourront rendre possible une Fédération européenne appuyée sur un Tribunal européen, et réaliser ainsi l'élimination définitive de la guerre et le désarmement général.

Dirigée de 1871 à 1891 par le successeur de Jules Barni à la présidence, Charles Lemonnier, juriste et philosophe, et depuis 1892 par son président actuel, M. Emile Arnaud, disciple de Charles Lemonnier, la *Ligue internationale de la Paix et de la Liberté* ne laissa passer aucune occasion de manifester utilement et de propager ses principes.

Par les associations pour la Paix dénommées jusqu'ici, le mouvement est donné. De nombreuses sociétés se constituent dès lors : La Paix par le Droit, à Nîmes (1887); une à Francfort; une en Belgique;

une au Danemark; sept en Angleterre; cinq en Italie; une en Hollande; sept aux États-Unis; une en Argentine; en Suède, soixante-quatre membres de Parlement fondent la Société de la Paix et de l'Arbitrage, qui se réunit en 1885 à Gœttembourg. Cette multitude de sociétés poursuivant le même but avaient tout intérêt à coordonner leurs efforts. Elles décidèrent de réunir chaque année un Congrès universel de la Paix où se discuteraient les questions générales. Elles entrèrent de la sorte dans une ère nouvelle, ère de cohésion et de force qui affirma l'existence d'un Parti de la Paix.

Ces différents Congrès, depuis celui tenu à Paris en 1889 sous la présidence de M. Frédéric Passy, se tinrent à Londres, Rome, Berne, Chicago, Anvers, Budapest, Hambourg, Paris, Glasgow, Monaco, Rouen, Boston, Lucerne, Milan, Munich, Londres et Stockholm. Ils eurent respectivement pour Présidents : David Dudley-Field et Hodgson Pratt, Ruggero Bonghi, Louis Ruchonnet, Josiah Quincy, Houzeau de Lehaie, le général Türr, Adolf Richter, Charles Richet, Spence Watson et Joseph Pease, Gaston Moch, Émile Arnaud, Robert Treat Paine, Robert Comtesse et Élie Ducommun, Théodore Moneta, Ludwig Quidde, Lord Courtney of Penwith, le baron Bonde. Un Bureau international de la Paix réside à Berne, qui prépare les Congrès et exécute leurs décisions; il reçoit actuellement des subventions des États Suédois, Norvégien, Danois et Suisse.

Depuis, ce mouvement a pris une grande place dans les annales de la vie internationale puisque l'on compte vingt-six sociétés en Amérique, cinq en Asie, cent trente en Europe, qui se subdivisent en plus de quatre cents sections disséminées dans toutes les parties du monde. Il est devenu « Le Pacifisme ».

On peut dire aussi qu'un tel mouvement a fait beaucoup en faveur de la morale. Il est agréable de constater un développement semblable chez un parti qui repose sur les principes suivants (1):

« Les rapports entre les nations sont régis par les mêmes principes de droit et de morale que les rapports entre les individus.

« Nul n'ayant le droit de se faire justice lui-même: aucune Nation ne peut déclarer la guerre à une autre.

« Tout différend entre Nations doit être réglé par voie juridique.

« L'autonomie de toute Nation est inviolable.

« Il n'existe pas de droit de conquête.

« Les Nations ont le droit de légitime défense.

« Les Nations ont le droit inaliénable et imprescriptibles de disposer librement d'elles-mêmes.

« Les Nations sont solidaires les unes des autres. » (2).

Le Pacifisme est le groupement d'hommes et de femmes de toutes nationalités qui recherchent les moyens de supprimer la guerre, d'établir l'ère sans violence et de résoudre par le droit les différends internationaux. Le Pacifisme, — dit une résolution de principe du Congrès de Munich — est complètement étranger à l'agitation, dite antipatriote ou antimilitariste, qui se fait actuellement dans les divers pays. Le Pacifisme, organisateur de la Paix, est adversaire de la guerre civile comme de la guerre entre Nations. « Toute imputation contraire ne « pourrait émaner que de personnes qui mécon- « naissent le Pacifisme par ignorance ou par mau- « vaise foi. »

Les Congrès universels de la Paix ont proclamé que « les principes de vérité, de justice, d'humanité

---

(1) *Bulletin du Congrès de Rome*, 1891. Proposition Emile Arnaud.

(2) Emile Arnaud, *Code International Public*.

« et de fraternité sont entièrement en faveur de la
« paix » (Berne, 1892). Ils ont proclamé « que le
« droit qu'a la société de punir ne saurait faire échec
« au principe de l'inviolabilité de la vie humaine ;
« que le droit de punir est limité au droit de défense »
(Anvers, 1894). Ils ont engagé les sociétés pacifistes
« à joindre, à la propagande de la paix, la propa-
« gande en faveur de la morale appliquée à la poli-
« tique ».

« Considérant, dit le Congrès de Glasgow (1901),
que la morale, qui est une et universelle, défend
toute haine, toute violence et toute injustice entre les
hommes et qu'elle enjoint la fraternité, la sympathie
et l'amour,

« Le Congrès estime qu'il faut faire des efforts
persistants pour que la conduite des gouvernements
et des citoyens de tous les Etats soit conforme à la
morale et, par suite, soit contraire à la guerre et au
militarisme.

« Le Congrès fait appel, à cet effet, à tous les éducateurs de tous pays, de toutes races et de toutes
croyances. »

« Chacun comprendra, dit l'appel adressé au nom
du Congrès de Stockholm (1910), la valeur de la
Fédération mondiale de la Jeunesse pacifiste ; il s'agit
de développer l'activité nécessaire pour amener, dans
le plus court espace de temps, les esprits au niveau
moral et intellectuel qui les rendra capables d'assurer
l'établissement définitif de la Paix entre les Nations,
de soutenir les institutions de liberté, de progrès et
de justice, indispensables au monde nouveau, fra-
ternel et solidaire, que notre génération et celle qui
la suivra, doivent à l'humanité. »

Les résolutions que nous avons relevées ci-dessus
sont généralement adoptées à l'unanimité par des
assemblées qui comprennent des représentants de
vingt à trente nationalités. Cela n'est-il pas la

démonstration de l'existence d'un état d'esprit universel?

Une fraction importante de l'opinion publique reconnaît et proclame, selon la formule pacifiste, que les « rapports entre les Nations doivent être régis par les mêmes principes généraux de droit et de morale que les rapports entre les individus ».

La consécration d'une telle formule permettra de combler une immense lacune. L'étude des doctrines morales a produit depuis l'antiquité une littérature considérable. Le droit a été la préoccupation dominante d'une importante fraction de l'intellectualité humaine. Mais il s'est agi surtout de la morale applicable aux individus et des droits des hommes entre eux.

Les principes de morale devant régir les rapports des Nations entre elles ont fait l'objet seulement d'un nombre restreint d'études. Mais si la résultante des travaux antérieurs sur le droit et la morale peut et doit être adaptée aux relations internationales, l'œuvre à accomplir se trouve infiniment simplifiée.

Il est dès lors des règles qui s'imposent, règles dont le respect universel contribuera puissamment à la tranquillité et au bonheur de l'humanité:

Peuple, tu ne tueras point un autre Peuple.
Peuple, tu respecteras le bien des autres Peuples.
Les Nations ont droit à la liberté.
La liberté de chaque Nation est limitée par la liberté des autres Nations.
Les Nations sont égales entre elles.
Peuples, aidez-vous les uns les autres.
Peuples, aimez-vous les uns les autres.

Aujourd'hui les couches profondes sur lesquelles reposait la morale des gouvernants ambitieux se soulèvent, lentement remuées par les agitateurs populaires, par les philosophes, par les pacifistes; elles fendillent le sol. Partout leurs craquements projettent en l'air une poussière glorieuse : le nuage des aspirations morales s'élève de terre.

L'orgueilleux édifice des vieilles traditions immorales, injustes et guerrières oscille déjà sur un sol incertain. La rafale est imminente qui va tout abattre et tout harmoniser.

30 Décembre 1910.

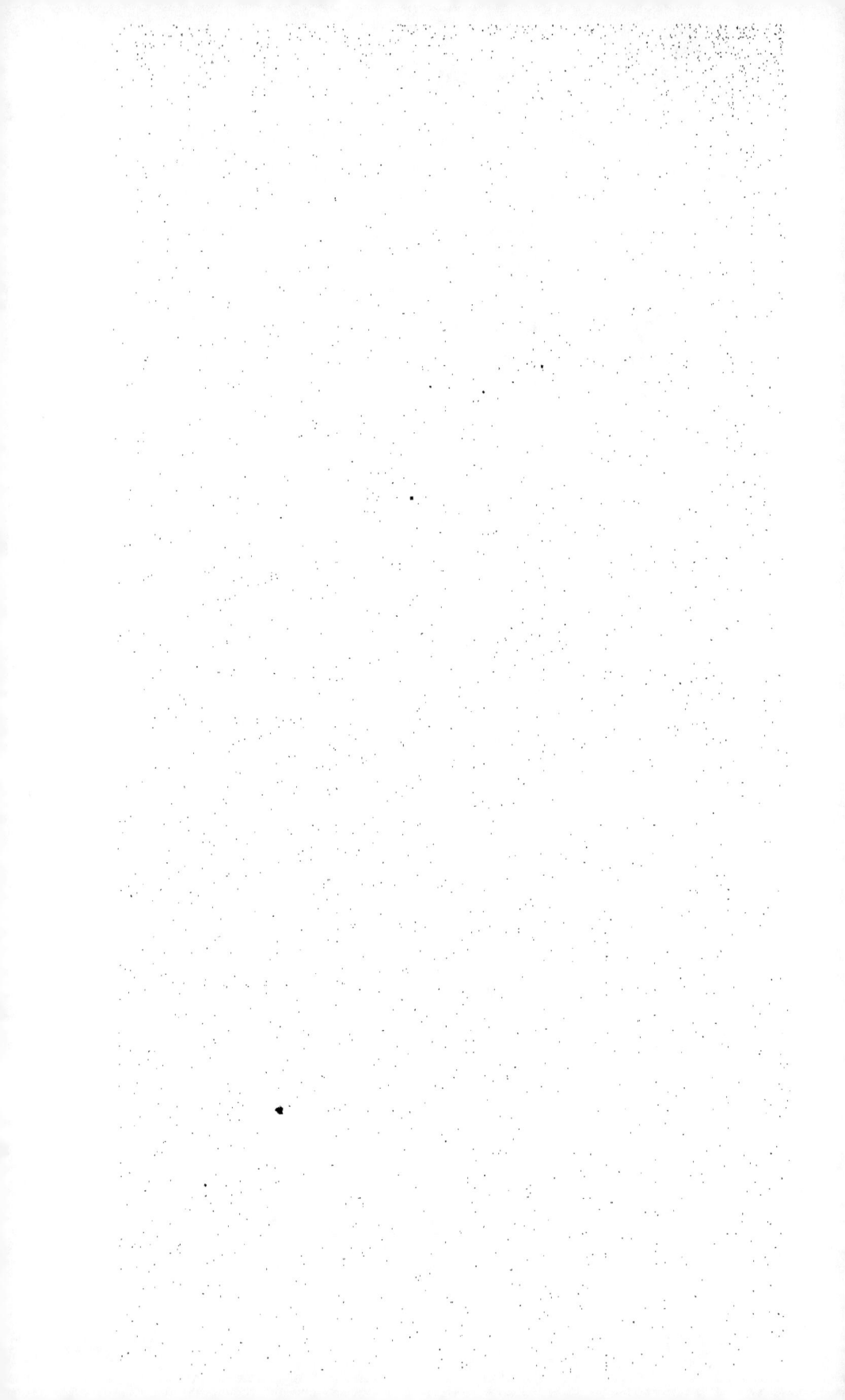

Liste des Personnages cités.

Table des Matières

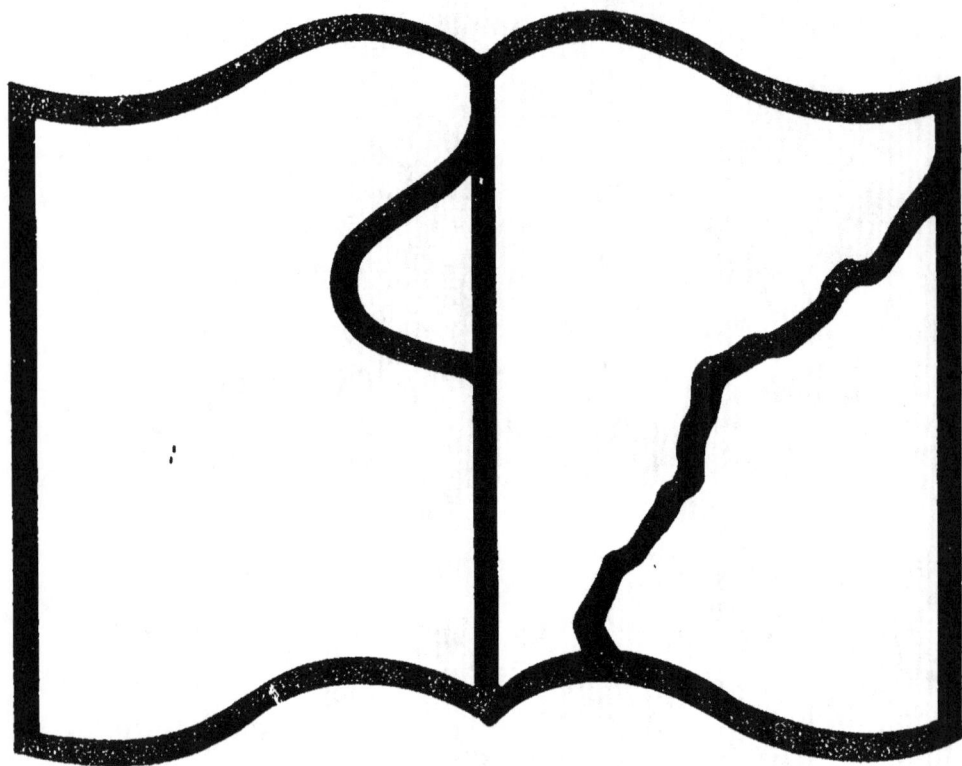

Texte détérioré — reliure défectueuse

NF Z 43-120-11